깔깔깔 별난 영어

영어와 친해지는 별난 이야기들

깔깔깔깔 별난 영어

전은지 글 | 미늉킴 그림

그린북

지은이의 말

영어를 싫어하는 사람이라면 영어를 덜 싫어하는 방법을 찾아보세요!

영어 싫어하는 사람, 손 한번 들어 볼까요? 저 역시 고등학교 때까지 영어를 싫어했고, 아마 저처럼 영어를 싫어하는 사람이 적지 않을 거예요. 그럼 핀란드어 싫어하는 사람은요? 그 또한 많을까요? 주위에 물어보면 "공부해 보지 않아서 모르겠다."고 대답할 거예요. 마찬가지로 배워 보지도 않고 일단 포르투갈어를 싫어하는 사람은 없을 거랍니다.

이게 무슨 의미일까요?

그 언어 자체가 싫은 게 아니라 외국어를 공부하는 게 싫다는 뜻입니다. 외국어는 남의 나라 말이라서 애쓰고 노력하지 않으면 쉽게 배워지지 않아요. 쉽지 않은 걸 하려니 당연히 하기 싫고, 싫은 걸 하려니 자연히 잘 못하게 되고, 못하는 걸 하려니 또 싫어지는 악순환이 계속되는 거죠.

영어도 마찬가지예요. 영어라는 언어 자체가 싫은 게 아니라, 외국어인 영어를 공부하는 게 싫은 거예요. 게다가 우리나라에서 영어는 학교 수업 시간에 배우고 시험을 치러야 하는 교과 과목이죠. 시험에서 좋은 점수를 받는 건 어렵기 때문에 당연히 영어도 어렵게 느껴집니다. 이렇게 시험이나 점수, 입시와 연결시키면 영어를 좋아하기가 쉽지 않습니다.

영어를 싫어하는 사람이라면, 영어를 덜 싫어하는 방법을 찾아보세요. 많이 싫어하다가, 조금 덜 싫어하다가, 드디어 안 싫어하게 되면 그다음에는 조금씩 영어가 좋아질지도 모릅니다. 그리고 좋아하는 걸 하면 잘하게 될 가능성이 높아져요. 영어를 시험공부와 별개로 생각하고 접근하면 그동안 보지 못했던 영어의 재미와 매력이 눈에 들어올 거랍니다.

제목도 재미있는 《깔깔깔 별난 영어》는 흥미로운 영어 표현이 흥미로운 이야기로 연결되는데, 이를 통해 영어를 조금이라도 더 재미있게, 조금이라도 덜 부담스럽게 만날 수 있게 되기를 바랍니다. 영어 단어와 표현을 공부하고 외워야 하는 학습서가 아니라, 호기심을 불러일으키는 별난 영어 표현이 별나고 신기한 이야기로 이어지는 이야기책으로 읽어 보기를 추천합니다.

영어도, 독서도 즐거움이 되기를 바라며

전은지

차례

⭐ **지은이의 말** 6

01 **별난 영어** : like a chicken with its head cut off 정신없이 12
별난 이야기 : 머리 없는 닭, 마이크 15

02 **별난 영어** : when pigs fly 꿈 깨! 18
별난 이야기 : 날개 달린 고양이 21

03 **별난 영어** : Elvis has left the building 공연(쇼)은 끝났어 24
별난 이야기 : 슈퍼스타의 가장 더러운 유품 26

04 **별난 영어** : the elephant in the room 다들 알지만 말하기 꺼려져 모른 척하는 것 28
별난 이야기 : 귀하지만 참 쓸모없는 흰 코끼리 31

05 **별난 영어** : couch potato 소파에서 감자칩 같은 걸 먹으며 텔레비전만 보는 사람 34
별난 이야기 : 구경거리가 된 비운의 남자 36

06 **별난 영어** : call names 욕하다 38
별난 이야기 : 재미나고 별난 이름들 41

07 **별난 영어** : fishy 수상한 44
별난 이야기 : 생선 악취 증후군 47

08 **별난 영어** : beef up 강화하다, 보강하다 50
별난 이야기 : 고기 소나기 사건 53

09 **별난 영어** : in one piece 안전하게, 멀쩡히 56
별난 이야기 : 두개골 도난 사건 59

10 **별난 영어** : go belly up 실패하다, 망하다 62
별난 이야기 : 범고래의 신박한 사냥법 64

11 **별난 영어** : monkey business 바보 같은(우스꽝스러운) 행동, 속임수 66
별난 이야기 : 원숭이 꼬리가 달린 소년 68

12 **별난 영어** : apples and oranges 서로 전혀 달라 비교할 수 없는 것 72
별난 이야기 : 4억 번의 딸꾹질 74

13 **별난 영어** : none of your beeswax 남의 일에 상관하지 마 78
별난 이야기 : 고대 이집트 무덤 속 꿀단지 82

14 **별난 영어** : blue blood 상류층, 부유한 집안 출신 84
별난 이야기 : 파란 피에 걸맞은 진정한 명문 가문 86

15 **별난 영어** : leave ( ) high and dry ( )를 돌보지 않고 방치하다 88
별난 이야기 : 죽여도 죽여도 죽지 않는 91

16 **별난 영어** : wet blanket 흥을 깨는 사람, 분위기를 망치는 사람 94
별난 이야기 : 핼리 혜성 때문에 지구가 멸망? 97

17 **별난 영어** : take the cake 최악이다, (부정적인 면에서) 1등이다 **100**
　　별난 이야기 : 끔찍한 장례식으로 1등 **102**

18 **별난 영어** : louse up 망쳐 놓다, 못 쓰게 만들다 **104**
　　별난 이야기 : 클레오파트라의 비밀 **106**

19 **별난 영어** : more than meets the eye 보이는 게 다가 아닌 **108**
　　별난 이야기 : 누가 헨리 1세를 죽였나 **110**

20 **별난 영어** : king of the hill 일인자, 최고, 우두머리 **112**
　　별난 이야기 : 세상에서 제일 위험한 노트 **114**

21 **별난 영어** : beginner's luck 처음 하는 사람이 뜻밖에 맞은 성공 혹은 행운 **118**
　　별난 이야기 : 운이 없어 목숨을 건진 사람 **121**

22 **별난 영어** : duck soup 쉬운 일, 만만한 일 **124**
　　별난 이야기 : 누구나 읽을 수 있는 쉬운 책 **126**

23 **별난 영어** : bad seed 천성이 나쁜 사람 **130**
　　별난 이야기 : 똥 커피 **133**

24 별난 영어 : bird brain 멍청이 136
별난 이야기 : 작은 뇌를 가진 능력자, 타조 138

25 별난 영어 : an arm and a leg 거액의 돈 142
별난 이야기 : 세상에서 가장 아름답고 가장 참혹한 무덤 144

26 별난 영어 : easy peasy lemon squeezy 엄청 쉬워 148
별난 이야기 : 속이는 게 가장 쉬웠어요 151

27 별난 영어 : bite the bullet 싫지만 억지로 하다, 어렵거나 불쾌한 일을 감수하다 154
별난 이야기 : 로드아일랜드의 마지막 뱀파이어 157

28 별난 영어 : said the pot to the kettle 사돈 남 말 한다, 너도 만만치 않아 162
별난 이야기 : 우리나라의 거인 164

29 별난 영어 : throw shade 헐뜯다, 깎아내리다 168
별난 이야기 : 바이러스를 던져라 171

30 별난 영어 : castles in the air 성공할 가능성이 거의 없는 계획, 허황된 꿈 174
별난 이야기 : 세계 최초, 세계 유일의 동물과의 전쟁 177

01. like a chicken with its head cut off
정신없이

like a chicken 닭처럼
with its head cut off 머리가 잘린

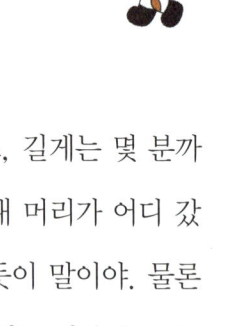

　닭은 정말 신기하게도(혹은 끔찍하게도) 머리가 잘린 후 몇 초, 길게는 몇 분까지 몸통만 남은 채로 미친 듯이 돌아다니는 경우가 있어. 마치 '내 머리가 어디 갔지?' 이러는 것처럼, 느닷없이 머리가 잘려서 자신도 놀랐다는 듯이 말이야. 물론 그렇지 않은 경우가 더 많고, 살아 있는 것처럼 잠시 돌아다닌다 해도 대부분 곧 죽어. 머리가 없으니까.

　그래서 황당한 일을 당하거나, 엄청 놀라거나, 너무 당황한 나머지 어쩔 줄 몰라 정신없이 행동할 때 이 표현을 쓰지.

예를 들어 볼게

　학교 갔다 집에 오니 누나가 막 괴성을 지르며 집 안을 휘젓고 다니고 있어. 가슴이 덜컥 내려앉았어. 집에 무슨 일이 있나?

　그때 누나가 "큰일 났다, 큰일 났어." 이러는 거야. 큰일? 누가 다쳤나? 혹시 아빠나 엄마가 교통사고? 잠깐, 할머니가 전부터 고혈압이라고 그랬는데……. 누나가 또 "으악! 내가 못 살아. 신경질 나 죽겠어." 이러는 거야. 누가 다친 건 아닌 것 같고, 누나가 오늘 단원 평가가 있다고 했는데 설마 반타작? 누나가 계속 "아, 진짜 성질나!" 소리치며 머리를 쥐어뜯고 정신없이 돌아다녀. 엄마에게 이유를 물었더니 금방 알 수 있었어.

Why is she running around like a chicken with its head cut off?
누나가 왜 정신 나간 사람처럼 돌아다녀요?

She lost the game.
게임에서 졌대.

　엄청 공들인 게임에서 어이없이 지면, 부모님은 그게 뭐 대단한 일이냐고 하시겠지. 하지만 그럴 때 우린 머리 잘린 닭처럼 당황하여 정신없이 행동하게 돼. 다들 이해하잖아. 충분히 그럴 수 있다는 거. 특히 내가 평소 무시하고 얕잡아 보던 상대에게 지면, 머리 잘린 닭도 울고 갈 만큼 완전히 정신이 가출해 날뛰게 되지.

머리 없는 닭, 마이크

아주 유명한 닭이 있어. like a chicken with its head cut off라는 표현을 검색하면 이 닭 이야기도 함께 검색될 정도로 떼려야 뗄 수 없는 닭이야.

1945년 미국에서 실제 있었던 일이야. 양계장 주인 올슨이 저녁 식사로 요리하려고 닭장에서 닭 한 마리를 가져와 목을 쳤어. 닭은 화들짝 놀라며 미친 듯이 막 돌아다녔대. 딱 like a chicken with its head cut off 표현 그대로 였지. 원래 닭 잡을 때 이러기도 하니까 올슨은 좀 있다 죽겠지 하며 기다렸어. 그런데 이 닭이 처음에는 정신없이 막 날뛰다가 서서히 안정을 되찾더니, 평소처럼 천천히 돌아다녔어. 좀 있다 죽기는커녕, 머리 잘린 이 닭은 마치 자기 목에 머리가 달린 듯 꼬끼오 우는 시늉도 하고, 부리도 없는데 부리로 날개를 다듬는 듯한 행동도 하는 거야.

올슨은 이 닭이 너무 신기해서 마이크라는 이름을 지어 주고, 잘린 목 부분에서 식도를 찾아 스포이트로 먹이를 넣어 주고 숨도 잘 쉬게 항상 닦아 주었대. 마이크는 잘 먹어서 그런지 튼실하게 자랐고, 머리가 없는 것만 빼고는 일반 닭과 다를 바 없이 생활했어. 이 정도면 안 유명해지는 게 더 이상한 일이지.

올슨은 '머리 없는 닭 마이크Mike the headless chicken'를 데리고 전국 순회공연을 다녔어. 어딜 가도 마이크를 보려고 사람들이 몰려들었고, 덕분에 올슨은 돈을 많이 벌었어. 여행 중 올슨이 마이크의 목 관리를 소홀히 해서 숨이 막혀 죽기 전까지 말이야. 마이크는 머리가 잘린 상태로 자그마치 1년 6개월 동안 살았어. 관리를 잘해 주었다면 훨씬 오랫동안 살았을 거야.

올슨이 마이크 덕분에 돈을 많이 버니까, 당시 전국의 양계장 주인들이 너도 나도 닭의 목을 쳤대. 올슨 역시 마이크가 죽은 후 또 다른 마이크를 만들어 보려고 닭 여러 마리를 잡았다고 해. 하지만 목이 잘리고도 살아남은 닭은 한 마리도 없었어.

마이크는 어떻게 머리가 잘리고도 1년 6개월 동안 살 수 있었을까?

닭이나 사람이나 뇌와 척수를 이어 주는 뇌간(뇌줄기)이라는 게 있어. 호흡, 운동, 감각 등을 담당하는 뇌간은 생명을 유지하는 데 필수적인 역할을 하지. 마이크가 머리 없이도 살아남을 수 있었던 건 바로 이 뇌간이 유지되었기 때문이야.

닭은 뇌간 대부분이 목 부위에 있는데, 마이크의 경우 생존에 필수적인 뇌간 대부분이 남은 채 절묘하게 머리 부분만 잘려 나갔던 거야. 그래서 마이크는 숨도 쉬고 움직일 수도 있었지. 또 목이 잘린 직후 상처 부위의 피가 빨리 굳어서 과다 출혈로 인한 사망도 피할 수 있었어.

마이크는 역사상 가장 유명한, 그리고 가장 신기한 닭이 아니었을까?

02. when pigs fly
꿈 깨!

when ~일 때, ~라면
pigs 돼지들   **fly** 날다

    이거 진짜 재미난 표현이야. 우리말 그대로 번역하면 '돼지가 하늘을 날면'인데, 의미는 '꿈 깨!'라니.

    누군가가 "꿈 깨!"라고 하면 '꿈에서나 가능하고 현실에서는 불가능하니 꿈 그만 꾸고 현실로 돌아오라'는 뜻이잖아. "그럴 리 없어!", "어림없어."라는 의미로 해석해도 돼. 조금씩 다르게 표현했지만, 다 '불가능하다'는 뜻이야. 돼지가 하늘을 나는 게 불가능한 것처럼 말이야.

 **예를 들어 볼게**

학교에 지각했어. 큰 교문은 닫혀 버렸고, 옆의 작은 문만 열려 있어. 작은 문 옆에는 교감 선생님이 엄청 무서운 표정으로 서 계시네. 이를 어째. 옆에서 같이 지각한 다른 친구가 근심 걱정이 가득한 얼굴로, 어차피 지각이니 교감 선생님이 교무실로 들어갈 때까지 그냥 숨어서 기다리자는데, 나는 반대야. 선생님 몰래 교문을 통과할 기발한 생각이 있거든.

교감 선생님이 눈 한 번 깜빡이지 않고 교문만 쳐다볼 리가 없잖아. 교문 쪽도 보고, 운동장도 종종 쳐다보고, 학교 건물 쪽도 가끔 보셔. 게다가 지금은 자동차 소리에 학교에서 방송 소리도 나니까 그걸 최대한 이용하는 거야. 선생님이 시선을 돌린 순간, 아무 소리도 내지 않고, 혹은 주변의 소음에 발을 맞추어 교문의 오른쪽 끝에 몸을 쫙 붙여서 재빨리 통과한 뒤 교실로 냅다 뛰는 거지. 그럼 교감 선생님 몰래 학교로 들어갈 수 있을 거야.

내가 이 기발한 생각이 과연 성공할 수 있을까 물었더니 그 친구 대답이,

Sure you can, when pigs fly.
꿈도 야무지다.

한마디로 선생님이 다른 데 쳐다볼 때 빨리 문을 통과하자는 거잖아. 그게 무슨 기발한 생각이냐고. 그 좁은 문을 지나가는데 바로 옆에 서 계신 선생님이 모를 리가 있어? 꿈이 참 야무지지만, 어림없는 소리지.

"돼지가 하늘을 날 수 있다면, 성공할 수 있을 것이다."

다시 말하면, 돼지가 하늘을 날 수 없듯이 나의 그 '기발한 생각'도 성공할 수 없다는 의미야. 날개도 없는 돼지를 끌어다 '불가능하다'라는 의미를 만들어 내다니, 이 표현이야말로 참 기발하지 않니?

날개 달린 고양이

날개 이야기가 나와서 말인데, 돼지는 아니지만 돼지만큼이나 날개가 안 어울리는데 날개가 있어서 사람들이 '악마의 전령'이라 부른 동물이 있어. 돼지처럼 네 발로 걸어 다니고 깃털이 아닌 털이 난 포유류인데, 이런 동물 몸에 날개라니! 기가 차게도 그 동물은 바로 고양이야. 신화나 전래 동화에 나오는 고양이가 아니라, 실제 날개가 달린 고양이라서 사진도 있고 영상도 있어.

잡지나 기사에 실린 사진을 보면 고양이 등 양쪽에 날개가 달려 있어. 사진이 조작된 것도 아니고, 날개 달린 고양이가 처음 발견된 것도 아니야. 날개가 있지만 날지는 못하고, 다른 고양이들처럼 네 발로 걸어 다녀. 그런데 얘들은 왜 몸에 날개가 달려 있는 걸까?

1986년 영국에서 날개 달린 고양이가 발견되어 난리가 났었어. 사람들이 이 고양이를 데려다 날개 부분 털을 만져 보고 빗질해 보고 그랬더니 조금씩 날개가 없어졌다나? 한마디로 그건 날개가 아니라, 긴 털이 엉키거나 뭉쳐서 마치 날개처럼 보였던 거야. 날개 달린 고양이라고 해서 살펴보면 대부분이 이렇대. 만지고 빗어 주면 날개가 은근슬쩍 없어지는 경우지.

하지만 1998년 영국에서 발견된 검정고양이는 뛰어다닐 때 팔랑거릴 정도로 긴 날개가 등 양쪽에 달려 있었어. 이 고양이는 아무리 빗질해도 날개가 없어지지 않았으니까 털이 뭉치거나 엉킨 건 아니었던 거지.

2004년 러시아에서도 날개 달린 고양이가 발견되었어. 소식을 듣고 어느 기자가 달려갔더니 이미 죽어 있었대. 날개 달린 고양이를 악마의 전령이라고 믿은 동네 사람이 고양이를 죽인 거야.

 2007년 중국에서도 꽤 긴 날개가 달린 고양이가 유명세를 탔어. 반려 고양이인데 주인 말로는 처음에는 등에 혹이 있나 싶었는데, 그게 점점 자라 날개가 되었다고 해. 이 고양이 역시 털이 잘 관리된 상태였고, 날개 부분에 뼈처럼 단단한 것도 만져진 것으로 보아 털이 엉킨 경우가 아니었어.

 2008년, 2009년, 2012년에도 중국에서 날개 달린 고양이가 발견되었는데, 다들 털을 빗어 줘도 날개가 없어지지 않았고, 움직일 때 날개가 팔랑거렸어.

 도대체 어떻게 된 일일까? 독수리 같은 새나 박쥐와 이종 교배된 고양이일 거라 믿고 싶은 사람들이 많았지만(그럼 신비하고 재미나잖아), 그건 전혀 사실이 아니야.

 아직 확실하게 밝혀지지는 않았지만, 다음 두 가지 경우일 가능성이 높아. 피부가 비정상적으로 넓적하게 늘어나서(고양이뿐 아니라 사람도 그런 경우가 있거든) 마치 날개처럼 보이는 경우, 또는 자라지 말아야 할 부위의 뼈가 자란 돌연변이인 경우지(고양이뿐 아니라 사람도 자라지 말아야 할 부위의 뼈가 자라는 경우가 있어).

 다시 말해서 날개가 달린 고양이 종류는 없고, 날개 달린 것처럼 보이는 고양이는 희귀한 돌연변이 고양이야. 그리고 이런 경우는 개, 돼지, 염소, 토끼 등에서는 볼 수 없고 오직 고양이에게서만 발견되고 있어.

when pigs fly에서 pig 대신 dog, cat 같은 다른 동물을 넣은 표현은 쓰이지 않아. 심지어 날개가 있는 고양이라도 고양이가 하늘을 나는 것 역시 불가능하지만 말이야.

03. Elvis has left the building
공연(쇼)은 끝났어

Elvis 엘비스　**has left** 떠났다
the building 건물을

이 간단한 문장은 '엘비스가 건물을 떠났다'는 뜻이야. 이 표현에 나오는 엘비스가 누구냐 하면, 흰 나팔바지에 넓은 구레나룻이 떠오르는 '로큰롤의 황제' 엘비스 프레슬리Elvis Presley야. 1935년에 태어나 1977년에 세상을 떠났는데, 당시 전 세계에서 엘비스 프레슬리를 모르는 사람이 없을 정도로 유명한 가수이자 배우였어. 노래, 춤, 의상, 공연 등 모든 것이 다 멋지고 유명하고 굉장했던, 말 그대로 '황제'였어. 신곡이 발표되면 빌보드 차트 1위는 따 놓은 당상이었고, 콘서트장은 엘비스에게 열광하며 쓰러진 사람들로 항상 난리 법석이었지. 얼마나 대단했는지, 그의 공연을 다룬 다큐멘터리만 30편이 넘을 정도야.

당시 미국은 지금과는 달리 젊은 남자는 반드시 군대에 가야 했거든. 현재 우리나라처럼 말이야. 엘비스도 인기가 하늘을 찌를 때 육군에 지원해서 약 2년간 군 복무를 하게 됐지. 그런데 입대 전 2년 동안 엘비스를 못 본다는 사실에 광분한 엘비스의 팬들이 아이젠하워 대통령에게 엘비스가 군대를 가지 않게 해 달라는 탄원서를 내기도 했대.

인기가 얼마나 많았으면 이런 표현이 다 생겼을까? **Elvis has left the building**은 이 건물에서 엘비스가 이미 공연을 끝내고 떠났다는 의미로 '공연이나 쇼가 이미 끝났다'는 뜻이야. 엘비스가 나오지 않는 공연이어도 이렇게 표현해. '공연'이나 '쇼' 하면 단연 로큰롤의 황제 엘비스니까.

예를 들어 볼게

친구랑 식당에서 점심을 먹고 마술 쇼를 보기로 했어. 그래서 표를 예매한 후, 극장 주변에 무슨 음식점이 있나 돌아다니며 메뉴판을 죄다 살펴본 후 한 곳을 골라 거기에서 밥을 배 터지게 먹었어. 밥을 먹었으니 후식을 먹어야 하잖아. 또 무슨 디저트가 있나 가게마다 돌아다니며 메뉴판을 죄다 살펴본 후 한 곳을 골라 아이스크림을 하나씩 먹었어. 그제야 공연 생각이 난 거야. 극장으로 달려가서 입구의 직원에게 표를 보여 주었더니, 직원이 하는 말.

Elvis has left the building.
공연 끝났어요.

슈퍼스타의 가장 더러운 유품

엘비스 프레슬리에 관한 재미난 이야기가 있어. 워낙 유명했고 전 세계적으로 인기가 하늘을 찌르는 '황제'여서 엘비스가 한 번이라도 만지거나 사용했던 물건은 그 가치가 엄청나. 아무리 비싸도 그걸 사겠다는 사람이 많으니까.

엘비스가 세상을 떠난 후 그의 여러 가지 유품들이 비싼 값에 거래된 건 놀랄 일도 아니지. 그가 무대에서 입었던 옷, 그의 자동차, 악기, 심지어 그가 공연 중에 마시다 남겼다는 컵과 물 등 뭐든 나오기만 하면 엄청난 가격에 팔렸어.

예를 들어 그의 성경 책은 우리 돈으로 약 9천만 원, 그가 살던 집은 우리 돈으로 약 10억 원에 팔렸어. 이렇게 비싼데도 엘비스의 물건을 수집하는 사람들이 많기 때문에, 엘비스가 세상을 떠난 지 거의 50년이 되어 가는 현재까지도 엘비스의 물건은 경매 시장에서 인기가 좋아.

그런데 그가 직접 사용한 개인적인 물건이었는데도, 팔리지 않은 한 가지가 있었대. 바로 그의 속옷, 팬티야. 엘비스의 팬티가 팔리지 않은 이유는 그것이 아주 더러운 상태였기 때문이야. 엘비스 프레슬리에 관한 것이라면 얼마든지 지갑을 열겠다는 사람들조차, 빨지 않은 상태로 수십 년간 보관된 더러운 팬티에는 지갑을 안 열었던 거지. 정말 웃픈 일이 아닐 수 없어.

04. the elephant in the room
다들 알지만 말하기 꺼려져 모른 척하는 것

the elephant 코끼리
in the room 방 안의

the elephant in the room은 물건일 수도 있고, 사건이나 분위기일 수도 있는데, 아무튼 이것이 거대하고 대단하고 강력해서 주변 사람들이 그걸 못 보거나 못 알아차릴 리가 없는데도(방에 코끼리가 있다면 도저히 못 볼 수가 없잖아), 다들 마치 안 보이는 듯 행동하거나 이에 대해 말하지 않는 어색하고 난감한 상황에서 쓸 수 있는 말이야.

이 표현은 러시아의 작가 이반 크릴로프의 우화 〈호기심 많은 남자〉에서 시작되었어. 이야기는 이래.

한 남자가 박물관을 갔어. 남자는 거기서 이런저런 물건을 꼼꼼하게 구경했어.

　우화에는 아주 작은 것들, 심지어 '핀의 머리보다 작은 것'까지 죄다 살펴보았다고 나와. 제목처럼 호기심이 많은 남자였거든. 그런데 이 남자가 박물관에서 존재를 알아채지 못한 게 한 가지 있었어. 핀의 머리카락보다 작은 것까지 다 본 이 남자가 못 본 것, 그것은 바로 박물관 안에 있던 거대한 코끼리였어. 참 어처구니없지. 코끼리가 너무 커서 보지 못했을까? 아니면 작은 것에만 관심을 기울이다 그만 큰 것은 놓친 걸까?

　현재 쓰이고 있는 '방 안의 코끼리'의 의미는 우화에 나온 것과는 의미가 조금 달라졌지만, 우화만큼이나 참 재미있는 표현이야.

예를 들어 볼게

　시험에서 빵점을 맞았어. 솔직히 빵점을 맞을 수도 있잖아. 공부를 안 했거나, 답안지를 밀려 썼거나, 왠지 빵점이 맞고 싶어서 아는 정답도 일부러 틀리게 썼거나…….

　부모님께 차마 말하기 어려워서 누나에게 말했어. 누나 입이 쩍 벌어졌어. 누나는 빵점을 맞을 수 있다는 사실 자체를 생각해 본 적이 없었거든. 누나한테 엄마, 이쁘에게 대신 좀 말해 달라고 부탁했지. 누나가 엄마에게 말했어. 엄마가 할 말을 잃었어. 빵점이라는 점수가 있다는 건 알고 있었지만 직접 빵점 맞은 사람을 본 적은 없었거든. 누나는 동생이 불안해하니까 이번은 모른 척 넘어가자고 엄마를 설득했어. 이번에는 엄마가 아빠에게 빵점 소식을 알렸어. 아빠가 기겁했어. 예외 없이 전부 다 틀린 답을 써야 빵점인데, 그 맞기 어렵다는 빵점을 아들이 맞다니! 엄마는

아들이 불안해하니까 이번은 모른 척 넘어가자고 아빠를 설득했어.

그날 저녁, 온 가족이 모여 식사를 하는데 분위기가 엄청 어색해. 빵점이라는 대사건을 알고 있지만, 모른 척하는 중이거든. 서로 모른 척한다는 것까지 모두 아는 상태라서 그 어색함이 차마 말로 표현할 수 없는 지경이야. 아들의 빵점 사건, 이게 바로 **the elephant in the room**이야.

We had dinner together but no one wanted to talk about the elephant in the room.

우리는 같이 저녁 식사를 했지만 아무도 방 안의 코끼리에 대해 이야기하고 싶어 하지 않았다.

So we just ate quietly.

그래서 우리는 조용히 먹기만 했다.

귀하지만 참 쓸모없는 흰 코끼리

코끼리 얘기가 나와서 말인데, 흰 코끼리 이야기 좀 해 줄게.

불교에서는 흰 코끼리를 아주 신성하고 귀한 존재로 생각해. 그래서 다른 코끼리들에게 무거운 물건을 나르는 일을 시킬 때도, 흰 코끼리는 절대 일을 시키지 않고 오히려 수호신으로 대접해.

실제로 흰색 코끼리 종류가 있느냐 하면 그런 건 아니야. 다른 코끼리들과 좀 다른 색을 가진 코끼리가 드물게 태어나. 눈처럼 새하얀 색이라고 하긴 어렵고, 적갈색 비슷한데 물이 묻으면 밝은 분홍으로 보여. 아무튼 일반적인 코끼리와 다른 데다 흔하지도 않고, 석가모니의 어머니가 석가모니를 임신했을 때 흰 코끼리 꿈을 꾸었기 때문에 태국 등 동남아시아의 불교 국가에서 흰 코끼리는 신처럼 귀한 몸이야.

재미있는 건 이렇게 귀한 흰 코끼리가 민망하게도 '처치 곤란한 것'을 의미한다는 사실! 동남아시아 여러 국가에서 오래전부터 전해 내려오는 한 이야기 때문이야.

옛날 어느 나라에 흰 코끼리가 발견되었어. 임금님은 신성한 흰 코끼리를 잘 받들어 모시려고 했어. 그런데 막상 흰 코끼리를 데려와 보니, 받들어 모시기가 쉽지 않은 거야. 일단 몸집이 너무 커서 아주 넓은 공간이 필요해. 감옥처럼 좁은 곳에 신성한 흰 코끼리를 모실 수는 없잖아. 또 코끼리가 먹고 마시는 양이 엄청나. 당연한 말이지만 많이 먹으니까 싸는 똥도 엄청나. 이렇게 힘들고 돈도 많이 드는데, 열심히 모셔도 하늘에서 금덩어리가 떨어지지도 않고, 행운이 찾아오는 것 같지도 않아. 그렇다고 이제 와서 흰 코끼리를 버리거나 숲으로 다시 보낼 수도 없어. 흰 코끼리는 신성한 존재거든. 수호신인데 갖다 버리면 되겠어? 그래서 왕은 평소 미워하던 신하에게 흰 코끼리를 잘 모시라며 선물로 주었어.

허걱! 신하는 식겁했어. 임금님이 내린 신성한 수호신인데, 코끼리가 병에 걸리거나 죽으면 안 되잖아. 까딱하면 신하는 흰 코끼리를 받들어 모시다 스트레스로 병에 걸리거나, 코끼리를 먹여 살리다 거지가 될 수도 있어.

이렇게 딱히 쓸모도 없는데 버릴 수도 없고, 돌보기가 수고로운 것도 모자라 비용까지 많이 드는, 정말이지 아주 처치 곤란한 것을 '흰 코끼리'라고 해. 아마도 신하의 집에서는 방 안에 코끼리가 있고, 코끼리 똥 냄새 때문에 다들 숨도 쉬기 힘들지만 임금님의 선물인 데다 신성한 수호신이라서 힘든 거 전혀 없다는 듯, 마치 코끼리가 안 보이는 듯 행동할지도 모르겠네. the elephant in the room처럼 말이야.

05. couch potato

소파에서 감자칩 같은 걸 먹으며 텔레비전만 보는 사람

couch 긴 의자, 소파
potato 감자

감자처럼 동글동글한 사람이 감자가 데굴데굴 굴러다니듯 소파에서 뒹굴거리며 텔레비전을 보는 모습, 상상이 가지? 그런 사람을 couch potato라고 해.

1976년, 톰 라치노Tom Lacino라는 사람이 친구에게 전화를 걸었는데, 여자 친구가 받았대. 톰은 보나마나 자기 친구가 소파에 누워 텔레비전을 보며 빈둥거리겠다 싶어서 "Couch potato 거기 있어요?"라고 물었대. 여기서 이 표현이 시작되었다고 알려져 있어. 빈둥거리는 사람을 묘사하는 찰떡 같은 표현이라서 이후 미국뿐 아니라 전 세계의 많은 사람들이 couch potato라는 말을 사용했어. 그러면서 '게으름을 피우며 몸을 많이 움직이지 않고 감자칩 같은 고칼로리 간식을 먹으

며 텔레비전만 보다 몸이 감자처럼 동글동글해진 사람'으로 의미가 확대되었어. '게으르다', '텔레비전만 보며 잘 안 움직인다' 그리고 '비만하다'는 의미도 담고 있지.

이 표현을 우리말로 옮길 때 '소파 감자'라고 하는 경우는 못 봤어. 우리말로도 그냥 영어 발음 그대로 '카우치 포테이토'라고 해. 소파가 아닌 침대나 의자, 방바닥에서 빈둥거려도 다 '카우치 포테이토'라고 하면 돼. 빈둥거리며 화면의 영상만 보는 게으른 사람들은 장소를 가리지 않지.

예를 들어 볼게

아들이 하루 종일 침대에 누워 노트북 컴퓨터를 배에 올려놓고 영화를 보고 있어. 공부도 안 하고, 씻지도 않고, 심지어 앉지도 않고 베개에 등을 기댄 채 누워 팝콘과 콜라를 먹으면서 계속 노트북 화면만 보는 거야. 엄마와 아들은 이런 대화를 할 수 있을 거야.

Son, you are a couch potato.
아들아, 너는 소파 감자와 진배없구나.

No, I am a bed potato.
아니요, 저는 침대 감자예요.

구경거리가 된 비운의 남자

감자칩을 먹으며 텔레비전 앞 소파에 앉아 빈둥거리면 모두 비만이 될까? 비만이 될 가능성이 높긴 하지만, 모든 비만인이 다 게으르고 움직이지 않아서 비만이 된 건 아니야. 미국에서 텔레비전도 안 보고 감자칩도 안 먹었는데 기네스북에 뚱뚱한 사람으로 기록된 안타까운 사람이 있었어.

1926년에 태어난 로버트 얼 휴즈Robert Earl Hughes야. 당시는 살찐 사람이 많지 않던 때라 로버트는 꽤 유명했대. 그런데 그는 많이 먹고 움직이지 않은 couch potato가 아니었어. 어려서 뇌하수체 이상으로 성장 호르몬에 문제가 생겨 키도 몸무게도 계속 증가하는 병을 앓았어. 아이가 너무 거대해져 병원에 갔더니, 의사는 고칠 수 없다며 로버트가 열다섯 살을 못 넘기고 사망할 거라고 했어. 도대체 얼마나 거대했던 걸까?

초등학교에 입학하던 일곱 살 무렵 로버트의 키는 어른 남자만큼 컸고 몸무게가 약 100킬로그램이었어. 걷고 움직이는 게 쉽지 않아서 이때부터 지팡이를 짚고 다녀야 했어. 로버트는 열두 살 때 도시락으로 아주 큰 빵 두 덩어리와 우유 1갤론을 갖고 다녔는데 1갤론이면 1리터짜리 큰 종이팩 우유 4개와 맞먹는 양이야. 점심 한 끼로 우유만 4리터 가까이 먹었던 거지.

어느 날 학교에서 집에 오다 물웅덩이에 넘어졌는데, 어른 두 명이 트랙터까지 가져와서야 로버트를 일으켜 웅덩이에서 빼낼 수 있었어. 열네 살이 되어 체중이 약 250킬로그램이 되자 로버트는 학교에 갈 수 없었어. 로버트가 앉을 수 있는 의자도 없었고, 걷기는 힘든데 자동차는 좁아서 로버트가 탈 수 없었거든. 집에서만 지내며 어마어마하게 먹는 로버트를 보며 다들 로버트가 이런 상태로는 오래 살 수 없다고 생각했지만, 가족 중 아무도 로버트의 건강에 관해 말하지 않았어. 가족에게 로버트의 건강 문제는 앞에 나온 the elephant in the room이었던 거야.

안타깝게도 로버트가 스물한 살 때 엄마가 뇌졸중으로 세상을 떠나자 로버트네는 가난해졌어. 가족을 위해 로버트는 트럭 짐칸에 타고 박람회 같은 행사에 가서 사진 모델이 되었어. 기네스북에 등재된 그의 몸무게가 472킬로그램! 당시 그렇게 거대한 사람이 흔하지 않아서 돈을 내고 로버트와 사진을 찍겠다는 사람이 꽤 있었대. 로버트는 couch potato와 거리가 멀었지만, 그가 먹기만 하고 게을러서 살이 쪘다며 손가락질하는 사람이 많았다고 해.

로버트는 1958년 서른두 살의 나이로 세상을 떠났어. 장례식도 쓸쓸했어. 몸에 맞는 관이 없어서 피아노 포장 상자를 관으로 삼아 장례를 치러야 했거든.

06. call names
욕하다

call 부르다   names 이름들

call your name 너의 이름을 부르다
call you names 너에 대해(너의) 욕을 하다
call his name 그의 이름을 부르다
call him names 그에 대해(그의) 욕을 하다
call her name 그녀의 이름을 부르다
call her names 그녀에 대해(그녀의) 욕을 하다

이 표현이 신기한 게, 단어 그대로의 의미는 '이름들을 부르다'인데, 뜻은 '욕하다'거든. 'name'을 반드시 복수 형태 '이름들names'로 써야 '욕하다'라는 뜻이 돼.

예를 들어 'call my name'이라고 하면, "봉팔아!", "말숙아!" 이런 식으로 '내 이름을 부르다'의 뜻이야. 그런데 **call me names**라고 하면 '나에 대해 욕을 하다, 모욕적인 말을 하다' 이렇게 완전히 다른 의미로 바뀌어. 신기하기도 하지만 헷갈리기 쉬우니까 주의해서 사용해야 해.

 **예를 들어 볼게**

이것은 바다에 사는 물고기야. 이 물고기는 배가 나왔어. 좀 나온 게 아니라 많이 나왔지만 수영은 잘해. 그런데 날렵하지는 않고 느린 편이야. 좀 느린 게 아니라 많이 느려. 물고기가 느려 봤자 얼마나 느리겠어, 이렇게 생각한 사람 있니? 너무 느려서 위험이 닥쳐도 도망가지 못할 정도야.

한번은 낚시꾼에게 잡힌 적이 있어. 낚시꾼이 딱 보니까 두터운 입술에 배불뚝이인 데다 색깔도 거무튀튀한 게 참 못생겼거든. 게다가 살려 달라고 혹은 살아 보겠다고 파닥거리며 용트림을 할 만도 한데, '낚시꾼에게 잡혔으니 이제 나는 꼼짝없이 죽은 목숨이구나.' 하는 세상 다 산 표정으로 멍하니 입만 벌리고 있는 거야. 낚시꾼이 이 녀석 별종이다, 생각하는데 물고기의 몸이 미끄러워 그만 놓쳐 버렸어.

마침 물고기가 떨어진 데는 바다와 땅의 경계였어. 몇 센티미터만 꿈틀거리면 바닷물로 들어갈 수 있었지. 그런데 이 물고기는 너무 굼뜨고 느려 터져서 바닷속으로 들어가기는커녕 떨어지기 전처럼 멍하니 입만 벌리고 죽을 때를 기다렸어.

낚시꾼이 죽었는지 살았는지 궁금해서 바닷물 속으로 밀어 넣어 주니까, 그제야 아주 느릿느릿, 몹시도 굼뜨게 헤엄쳐서 바다로 들어갔어. 조금 전까지 삶을 포기하고 있었지만, 기왕에 물에 들어온 거 그냥 살기로 한 거지.

그 모습을 보고 낚시꾼이 기가 차서 물고기를 향해 이렇게 말했어.

"저 녀석, 완전 멍텅구리네!"

이 말을 들은 물고기 기분이 어땠냐고?

Don't call me names!
나한테 욕하지 마세요!

이랬을까? 그렇지 않아. 오히려 자신을 알아봐 주어 기분이 괜찮았어. 왜냐하면 물고기 이름이 실제 '멍텅구리'거든. 욕을 들었다기보다 누가 자신의 이름을 불러 준 느낌이랄까.

실제로 멍텅구리라는 물고기가 있어. 얼굴과 몸통이 부풀어 오른 것처럼 통통하고 꼬리 쪽은 갑자기 가늘어져서 엄청 둔해 보여. 실제 행동도 아주 느리고 둔해. 두툼한 입술이 심통이 난 듯 보여서 '심퉁이'라고도 불러. '뚝지'라는 씩씩한 이름이 있지만, 다들 '멍텅구리'라고 불러. 행동이 느리고 위험이 닥쳐도 피하려고 애쓰지 않아서 '멍하다'는 의미로 멍텅구리라고 해. 멍텅구리의 멍텅구리 같은 행동 때문에 어리석고 맹한 사람을 '멍텅구리'라 부르게 되었대.

그러니까 멍텅구리한테 멍텅구리라고 하는 건 **call names**가 아니라 그냥 'call name'인 거지.

He calls my name. He knows me.
저 분이 내 이름을 부르잖아. 나를 알고 있네.

재미나고 별난 이름들

물고기 이름 참 재미있네. 이참에 특이하고 재미난 영어 이름에 대해 이야기 좀 해 볼까?

영어 이름은 '이름 + 성' 순서로 말해. 그래서 '김말숙'을 영어식으로 쓰면 '말숙 김'이 되지. 우리말이나 영어 모두 의미가 있는 특정 단어를 이름으로 쓰기도 해. '강하늘', '이꽃잎'처럼 말이야.

미국의 성family name 중에는 원래 뜻이 있는 경우가 있어. 몇 가지 살펴볼까? 호아킨 피닉스Joaquin Phoenix의 성 Phoenix는 '불사조'라는 뜻이야. 예명이지. 불사조 씨는 영화 〈조커Joker〉의 주인공 역을 맡았지. 본명이 호아킨 라파엘 바틈Joaquin Rafael Bottom인데, Bottom은 '밑바닥, 그릇 맨 아랫부분, 엉덩이' 이런 뜻이야. 그러니까 불사조 씨의 본래 성은 '밑바닥씨'인 거지.

미국 가수 중에 바우 와우Bow Wow라는 사람이 있어. 예명인데, 뜻이 '멍멍' 이야. 개가 짖는 소리를 영어로는 bow wow 또는 woof woof라고 하거든. 가수 멍멍의 본명은 섀드 그레고리 모스Shad Gregory Moss인데, 성 Moss의 의미는 '이끼'야. 그러니까 본래 성은 '이끼씨'인 거지.

무하마드 알리Mohammad Ali라는 권투 선수 들어 봤니? '영원한 챔피언'이라 불리는 전설적인 선수야. '나비처럼 날아서 벌처럼 쏜다'는 멋진 말도 남겼어. 본명은 캐시어스 클레이Cassius Clay인데, Clay는 '찰흙'이라는 뜻이야. 미술 시간에 쓰는 점토, 찰흙 말이야. 전설의 복서의 성이 '찰흙씨'라니······.

미국 연예계 스타들은 자녀의 이름을 지을 때 독특하고 개성 있는, 안 좋게 말하면 다소 이상한 이름을 지어 주기로 유명해.

가수 마일리 사이러스Miley Cyrus는 본명이 아니야. 연예인인 마일리의 부모님이 원래는 딸에게 'Destiny Hope Cyrus운명 희망 사이러스'라는 평범하지 않은 이름을 지어 주었어. 이름이 길어서 싫었는지, 의미가 싫었는지, 평범한 이름을 원했는지 알 수 없지만, 딸은 '운명 희망'이라는 독특한 이름이 아닌 '마일리'라는 평범한 이름으로 활동하고 있어.

가수 카녜이 웨스트Kanye West는 딸의 이름을 아주 재미있게 지었어. 아빠의 성이 웨스트West 즉, 서쪽인데 딸의 이름을 노스North, 즉 북쪽으로 지었거든. 그래서 딸의 이름은 '북쪽과 서쪽North and West'야. 북쪽, 서쪽 양은 그림을 잘 그린대.

가수 겸 작곡가 존 멜렌캠프John Mellencamp의 아들 이름은 Speck Wildhorse Mellencamp야. Speck은 '작은 얼룩, 반점'을 뜻하고 wildhorse는 wild야생의horse말, 즉 야생마라는 의미의 두 단어를 붙여 쓴 거야. 우리말로 하자면 '얼룩 야생마 멜렌캠프' 씨가 되는 거지. 이름이 기니까 보통 줄여서 "얼룩 멜렌캠프"로 불러. 친구들은 그냥 "얼룩아!" 이렇게 부르겠지.

배우 귀네스 팰트로와 가수 크리스 마틴의 딸 이름은 Apple이야. '사과'라는 뜻이지. 사과 양은 엄마를 똑 닮았다지.

엄마 비욘세 놀스와 아빠 제이 지는 엄청 잘나가는 유명 가수들이야. 이들 부부의 딸 이름은 'Blue Ivy Carter푸른 담쟁이덩굴 카터'야. 푸른 담쟁이덩굴 양 역시 부모님을 닮아 노래도 잘하고 춤도 잘 춘대.

　배우 니콜 리치와 가수 조엘 매든의 아들은 Sparrow Madden참새 매든, 가수 크리스티나 아길레라의 딸은 Summer Rain Rutler여름 비 러틀러야. '참새'는 앙증맞고 '여름 비'는 분위기 있지만, 그래도 상당히 독특한 이름이지.

　하지만 배우 샤닌 소세이먼과 작가 댈러스 클레이턴의 아들 이름이야말로 독특한 이름의 대명사야. Audio Science Clayton청각 과학 클레이턴이거든. Audio는 '녹음'이라는 뜻도 있고, '청각'이라는 뜻도 있지. 미국에서 이상한 혹은 독특한 이름 투표를 하면 '청각 과학 클레이턴' 씨의 이름은 빠지지 않고 상위에 올라. 이름이 '청각 과학', '녹음 과학'이라니!

07. fishy

수상한

fish+y 물고기의, 비린내 나는

'fish'가 물고기, 생선이라는 건 다들 알지? **fishy**는 '생선 냄새의, 비린내가 나는' 이런 뜻인데 보통 '수상한'의 의미로 쓰여. 비린내가 좋은 향기는 아니라서 그럴까? 수상하고 의심스러운 상황에 쓰는 표현이야. 당연히 물고기와 아무 관련이 없는 상황에서도 쓸 수 있어.

예를 들어 볼게

엄마가 외출하면서 피자를 한 판 사다 놓았어. 누나랑 나누어 먹으라고 하시면서

말이야. 당연히 누나랑 나누어 먹어야지, 내가 돼지도 아니고 피자 한 판을 어떻게 다 먹어? 나는 절대 돼지가 아니고, 사랑하는 누나를 잘 챙겨 주는 착한 동생이기 때문에 반만 먹고 반은 남기기로 했어.

그런데 피자 빵이 너무 얇더라고. 빵이 얇다는 건 웬만큼 먹어서는 간에 기별도 안 간다는 뜻이잖아. 특히나 나처럼 잘 먹어 줘야 하는 성장기 어린이인 경우, 신체의 다른 기관에 비해 유달리 소화 기능만 비정상적으로 우수한 경우, 빵이 비스킷처럼 얇고 바삭한 피자는 먹어도 배가 부르지 않다고!

이런 정당한 이유와 피치 못할 사정으로 애초의 계획과는 달리, 나도 모르게 피자 한 판을 다 먹어 치우고 말았어. 일부러 그런 게 아니니까 내 잘못은 아니고, 굳이 잘못한 사람을 찾자면 얇고 바삭한 피자를 사 온 엄마 잘못이라고 할 수 있지. 엄마 잘못이긴 하지만 누나가 나에게 화풀이를 할 수도 있기 때문에 나는 얼른 피자 상자를 치웠어. 치우자마자 누나가 학원에서 돌아왔어.

"피자 냄새가 나네. 야, 집에 피자 있어?"

"아니."

"너, 입에 까만 거 묻었어. 잠깐, 올리브 조각 같은데? 피자 토핑에 들어 있는 거 말이야."

"이거…… 급식 때 먹은 김 조각이야."

"잠깐, 네 손에서 피자 냄새가 나. 너 설마 혼자 피자 먹은 거야?"

"아니, 피자를 먹은 친구와 손을 잡고 와서 그래. 손 닦는 걸 깜빡했네."

이 정도로 재치 있게 거짓말을 했는데도, 누나는 믿지 않는 눈치야. 그러면서 하는 말.

Something is fishy.
뭔가 수상해.

'무언가 비린 냄새가 나' 이런 뜻인데, 실제 생선 비린내가 아닌 고소한 피자 냄새가 날 때도 의심나는 상황이라면 쓸 수 있어. "Something smells **fishy**." 또는 "I smell something **fishy**."라고도 쓸 수 있지.

생선 비린내랑 수상한 거랑 뭔 상관이냐고 할 수도 있는데 우리말에도 이런 표현이 있어. 동생이 피자 안 먹었다는데 피자 냄새도 나고 입가에 올리브 같은 것도 묻어 있고 손도 미끈거린다면, 누나가 "네 말은 못 믿겠어. 뭔가 구린 게 있어." 이렇게 말하기도 하잖아?

'구리다'는 표현은 원래 '똥이나 방귀 냄새가 난다'는 뜻인데, 무언가 믿을 수 없고 의심스러울 때도 '구리다'라고 해. 똥, 방귀 냄새랑 수상한 거랑 아무 상관이 없는데도 말이야. 지금도 동생의 말이나 상황에 구린 구석이 있으니까 누나가 동생 말을 못 믿는 거잖아.

알고 보면 영어도, 우리말도 재미난 표현이 참 많아.

생선 악취 증후군

생선 비린내 하니까 생각나는데, '몸에서 생선 비린내가 나는 병'이 있어. 더 정확히 말하면 비린내 정도가 아니라 생선 썩는 냄새가 나는 병이야. 세상에 이런 끔찍한 병이 있다니…….

영어로 이 병은 'Trimethylaminuria'라고 해. (절대 발음할 수도 없고, 철자를 외울 수도 없다는 확신이 드는 단어야.) 우리말로는 '트리메틸아민뇨증'이라고 해. (한글 역시 발음할 수도, 외울 수도 없다는 확신이 들지?) 다들 병명이 너무 어렵다고 생각했는지, 기억하기 편하고 쉽게 보통 '생선 악취 증후군The Fish Odor Syndrome'이라고 불러. 이름에 어떤 병인지 잘 나와 있지?

트리메틸아민은 생선 썩는 냄새가 나는 화학 물질이야. 정상인은 이 물질이 간에서 냄새가 나지 않는 다른 물질로 바꾸는데, 생선 악취 증후군 환자는 유전적인 원인으로 다른 물질로 바뀌지 않아. 그래서 트리메틸아민이 그대로 소변, 땀, 호흡 등을 통해 몸 밖으로 나오면서 생선 썩는 냄새가 나지.

이 병을 앓는 환자는 향기 나는 비누로 열심히 목욕을 하고 아주 꼼꼼하게 양치를 하고, 강력한 향수를 온몸에 뿌려도 몸에서 생선 썩는 냄새가 가시지 않아. 그 괴로움은 말로 표현할 수 없을 정도겠지. 남들처럼 학교나 회사에 가고 슈퍼마켓이나 영화관에 가기가 어려워. 아주 평범한 일상생활도 하기 힘든 거지. 다들 코를 쥐어 잡고 이상한 눈으로 쳐다보고 슬슬 피한다면, 얼마나 괴로울까?

이들에게는 "Something is fishy."라는 표현이 수상하다는 게 아니라 실제 생선 썩은 냄새가 난다는 의미가 되는 거야. 그래서 생선 악취 증후군 환자들 중에는 집 밖에 나가거나 사람을 만나는 걸 극도로 두려워하는 경우가 많고, 우울증을 겪기도 해.

   희귀한 질환인데, 유전병이라서 적절하게 병을 치료할 약이 없다는 게 더 안타까워. 냄새가 덜 나게 할 수 있는 식이 요법과 약물 치료가 있긴 하지만, 근본적인 치료법은 아직까지 찾아내지 못했어. 고통받는 환자들이 정상적인 생활을 할 수 있도록 치료제나 치료 방법이 빨리 나오면 좋겠어.

08. beef up
강화하다, 보강하다

beef 소고기   up 위의, 올린

'비프스테이크'라고 들어 보았니? 'beef'가 소고기니까 '소고기 스테이크' 즉 소고기를 구운 요리야. 'beef'는 '불평, 불만'이라는 뜻도 있어. 또 'beef'에 '-y'가 붙은 'beefy'는 '우람한, 뚱뚱한'의 의미가 되고, **beef up**은 '(부족한 부분을 보완해서) 강하게 하다, 보강하다' 이런 뜻이 돼. 소고기랑은 전혀 상관없는 의미로 바뀌지. 소고기를 먹으면 아무래도 다른 걸 먹은 것보다는 배도 든든하고 힘이 나서일까? **beef up**은 무언가를 더 채워서 더 좋게, 더 강력하게 한다는 뜻이야. 회사나 조직을 강화할 수도 있고, 집이나 건물의 보안을 강화할 수도 있고, 경기에서 우승하려고 좋은 선수를 데려와 팀의 전력을 보강할 수도 있지.

예를 들어 볼게

　나는 글쓰기 숙제를 싫어해. 그런데 선생님이 야속하게도 '하늘에서 음식이 내린다면'이라는 내용을 주제로 글쓰기를 해 오라는 숙제를 내셨어.

　하늘에서 음식이 내린다면, 당연히 좋겠지. 입만 벌리면 음식을 먹을 수 있으니까. 하지만 그게 다야. 더 생각나는 게 없어. 꼭 생각이 나야 해? 하늘에서 음식이 내리면 좋다, 그거면 됐지, 꼭 길게 써야 해?

　선생님 입장에서 봐도 그래. 수십 명이나 되는 애들이 써 온 숙제를 다 읽으셔야 하는데 얼마나……. 잠깐! 선생님이 힘드시겠네. 그 많은 글짓기 숙제를 한 장 한 장 다 읽어야 하는 선생님의 고통을 생각해 봐. 재미없는 글도 엄청 많을 거고, 또 잘난 척하느라 길게 쓰는 애들이 두세 명은 꼭 있거든. 불쌍한 선생님은 그 많은 걸 다 읽고 공책 아래에 의견을 몇 줄 적으시는데, 그게 보통 힘든 일이냐고! 안 그래도 말 안 듣고 공부 싫어하는 나 같은 학생들을 가르치느라 힘든데, 숙제 검사로 더 힘들어질 선생님을 생각하니 마음이 찢어질 것 같아.

　선생님을 위해서라도 나는 하늘이 두 쪽이 나도 절대 길게 쓰지 않으리라 결심하고 또 결심했어. 그래서 이렇게 썼지.

　"하늘에서 음식이 내린다면 나는 입을 벌려 음식을 받아먹겠다."

　선생님이 내 숙제를 보시면, 이 아이는 내가 힘들까 봐 일부러 짧게 써 주었구나, 이렇게 선생님을 배려하는 고운 마음씨를 가진 아이에게는 '참 잘했어요' 도장을 수만 개 찍어 줘도 모자라, 이러실 게 분명해.

　그런데 숙제를 돌려받는 날, 선생님이 나에게 글짓기를 다시 해 오라는 거야. 아니, 이게 무슨 날벼락이래? 공책을 펼쳤더니, 이렇게 적혀 있었어.

Beef up your essay.
글짓기 내용을 보강하세요.

선생님의 수고를 덜어 드리려는 학생의 갸륵하고 기특한 마음이 완전히 묵살당했네. 아니면, 선생님 수고를 덜어 드린다는 얄팍한 수작으로 숙제를 대충 하려 했던 시커먼 속내가 드러났던가.

고기 소나기 사건

'beef소고기' 표현이 나와서 말인데, 그림책도 영화도 참 기발하고 재미났던 〈하늘에서 음식이 내린다면〉의 이야기처럼 하늘에서 고깃덩어리가 비처럼 쏟아져 내린 사건이 있었어. 그림책이나 영화로 만들어 낸 게 아니라 실제 있었던 일이야.

1876년 미국의 켄터키주에서 고깃덩어리가 비처럼 하늘에서 쏟아진 일이 있었어. 일명 '켄터키 고기 소나기' 사건이지. 《뉴욕 타임스》, 《사이언티픽 아메리칸》 등 잡지와 언론에도 크게 소개되었어. 《뉴욕 타임스》에 실린 당시 기사 제목을 보면, '켄터키주에서의 놀라운 현상 – 양고기 혹은 사슴으로 추정되는 신선한 고기가 맑은 하늘에서 떨어지다' 이렇게 나와 있어.

주민들의 인터뷰 기사를 보면, "구름 한 점 없는 날 하늘에서 느닷없이 고깃덩어리로 보이는 것들이 철퍼덕철퍼덕 땅바닥에 떨어졌다"고 해. 용감한 건지 무모한 건지, 하늘에서 떨어진 정체불명의 고깃덩어리 맛을 본 사람들이 있었는데, 누구는 양고기 같다, 누구는 사슴 고기 같다, 또 누구는 곰 고기가 분명하다고 했대.

그래서 이게 무슨 고기인지 알아내려고 레오폴드라는 사람이 고깃덩어리 일부를 연구실에 보내서 분석을 요청했는데, 동물인 말 혹은 인간 아기의 폐 조직과 일치한다는 결과가 나왔어. 다른 곳에서 분석한 결과도 비슷했지. 근육 섬유와 연골이 나왔으니까, 어떤 것이 되었든 고기 종류인 건 맞나 봐.

그런데 레오폴드 본인은 이 덩어리를 남세균이라고 생각했어. 남세균은 광합성을 하는 일종의 세균인데, 젤리처럼 생겼어. 강이나 호수에서 녹조를 일으키고, 비가 올 때 섞여 내리기도 해. 하지만 고기 소나기가 내린 날은 맑은 날씨였으니까 남세균은 아니었을 거야.

그 동네 사람들을 포함해서 많은 전문가들은 독수리가 토해 낸 거라 생각했어. 떨어진 고깃덩어리를 보면 여러 종류의 고기가 섞인 듯 보였고, 또 하늘에서 떨어졌기 때문이지. 실제로 어떤 독수리들은 위협을 당하거나 빨리 도망가야 할 때 위장 속에 있는 걸 게워 내. 그렇다면 상당히 넓은 지역을 떼로 날아다니던 수십 마리의 독수리들이 마치 약속이라도 한 듯 동시에 먹은 고기를 토해 냈다는 뜻인데, 몹시 황당하고도 대단히 더러운 이런 일이 과연 가능한 것일까?

켄터키 고기 사건은 실제 일어난 사건이 맞지만, 도대체 어떤 고기가, 난데없이 왜 하늘에서 떨어졌는지는 시원하게 밝혀지지 않았고, 지금까지 불가사의한 사건으로 남아 있어.

또 한 가지 신기한 건, 하늘에서 생선도 떨어졌다는 사실! 물이 전혀 없는 숲과 사람들이 사는 동네에, 느닷없이 하늘에서 물고기가 비처럼 후드득후드득 내린 거야. 하늘에서 고깃덩어리가 떨어지는 것만큼이나 놀랄 일이지. 독수리가 토해 내는 고깃덩어리와는 달리, 생선은 소화되다 만 그런 모양이 아니라 온전한 모양 그대로 하늘에서 떨어졌대. 도대체 무슨 일이었을까?

'켄터키 고기 소나기' 사건만큼이나 신기한 '물고기 비' 사건은 엄청 강한 회오리바람인 토네이도가 범인으로 의심받고 있어. 용오름이라고도 하는데, 강한 바람이 빨아들인 물이 기둥처럼 솟아 빠르게 움직이는 현상이야. 호수, 강, 바다 등 물에서 강한 바람이 소용돌이칠 때 물속에서 헤엄치던 물고기까지 물기둥 속으로 빨려 들어가. 이 토네이도가 소용돌이치던 힘이 빠지면서 붙잡고 있던 물고기가 아래로 떨어진 거지.

물고기뿐 아니라 토네이도에 휩싸이는 건 무엇이든 엉뚱한 곳에 비처럼 떨어질 수 있어. 가장 흔한 게 물고기와 개구리인데, 뱀이나 거미가 비처럼 내리기도 해. 진짜 희귀한 경우인데, 하늘에서 악어가 뚝 떨어진 적도 있었대.

09. *in one piece*
안전하게, 멀쩡히

in ~로   **one piece** 한 조각

이 표현은 일반적으로 '원래 상태가 손상되지 않게, 멀쩡히, 안전히'라는 뜻으로 쓰여. 단어 그대로의 의미는 '모든 게 다 하나(한 덩어리one piece)인 상태로'야.

인형이나 로봇을 산다고 생각해 봐. 팔, 다리, 머리가 다 떨어져 있으면 누가 사고 싶겠어? 인터넷으로 주문할 때, 원래의 정상적인 모습, 즉 여러 조각이 아닌 한 개의 로봇으로 배송된다는 건 아무 사고 없이 안전하게 배송된다는 뜻이지.

이처럼 **in one piece**는 '조각조각 떨어져 있지 않고 원래 상태 그대로'라는 뜻을 가지고 있고, '아무 사고 없이, 안전하게, 멀쩡하게'라는 의미로 쓰여. 'all in one piece'라고 해도 돼.

 **예를 들어 볼게**

친구가 극기 훈련을 간대. 애는 극기 훈련을 한 번도 간 적이 없어서 작년에 극기 훈련을 다녀온 나에게 극기 훈련이 어떤지 물었어. 아, 뭐라고 대답해 줘야 하나……

나도 가기 전에 주위에 물어봤는데, 다들 할 만하다, 보람 있다, 심지어 재미있다, 이러길래 극기 훈련이 캠핑 같은 거라고 생각했어. 그런데 직접 가 보니 웬걸! 낮에는 재미나게 놀고, 저녁에 고기 구워 먹고 텐트에서 자는 캠핑과는 심하게 달라서 얼마나 당황했는지 몰라. 당시에 꽤 할 만하다, 보람 있다, 심지어 재미있다고 말한 애들과 절교하고 싶었어. 훈련을 받는 건지 벌을 받는 건지, 극기 훈련인지 지옥 훈련인지 알 수 없는 고된 체력 훈련이 무려 3박 4일 내내 계속되었어.

극기 훈련이 뭔지 아무것도 모르는 친구 얼굴을 보니, 마음이 짠한 거야.

You will return home in one piece.
너는 안전하게 집에 돌아올 거야.

내 말에 친구 얼굴이 금세 흙빛이 되었어. 그게 무슨 뜻이냐, **in one piece**라니, 몸이 하나가 아닌 상태로 돌아올 수도 있다는 거냐, 멀쩡히 돌아오지 못하는 경우도 있느냐 캐물었지.

이런! 공포에 휩싸인 친구를 보니 안 되겠다 싶어서 다시 이렇게 말할 수밖에 없었어.

 "농담이야. 극기 훈련, 그거 할 만해. 보람도 있고 심지어 재미있기도 해. 걱정 말고 다녀와."

 어쩌면 이 친구가 극기 훈련 다녀와서 너, 이제 나랑 절교야! 이럴지도 모르겠네. **in one piece**는 전쟁에 나간 군인에게 안전하게 돌아오라는 표현으로 잘 쓰이는데, 왜 그런지 이해가 가지? 전쟁에 나가기 전 모습 그대로 멀쩡히 돌아오라는 뜻인 거야.

두개골 도난 사건

in one piece라는 표현을 보면 생각나는 사건이 있어. **in one piece** 의미와 정반대인 아주 끔찍한 사건이야.

1616년에 굉장히 유명한, 당시에도 유명했고 지금도 엄청 유명한 어떤 사람이 사망하자 고향인 영국의 성 트리니트 교회 무덤에 안치되었어. 그리고 260여 년이 지난 1879년, 영국의 한 잡지에 믿기 어려운 괴상한 기사가 실렸어. 기사에 의하면 1794년에 누군가 묘를 파고 두개골을 가져갔기 때문에 무덤 안 유골에는 두개골이 없다는 거야.

놀라서 뒤로 나자빠질 일인데 아무도 이를 확인하려 들지 않았어. 그도 그럴 것이 그의 묘비에는 '내 무덤을 그대로 두는 사람은 복을 받고 나의 뼈를 옮기는 사람은 저주를 받으리라' 이런 살 떨리는 문구가 적혀 있거든. 아주 기겁할 일이지. 두개골이 정말 도난당했는지 궁금하지만 이를 확인하려면 묘를 파야 하는데, 저주를 감수하면서까지 묘를 파고 뼈가 제대로 있나 확인하고 싶지는 않았거든. 게다가 묘지 위에는 교회 건물이 들어서 있어서 묘지를 파는 것 자체도 쉽지 않았어. 교회에서도 무덤을 팔 수 없으며, 두개골이 없어졌다는 증거도 없다고 했어.

그렇게 세상을 시끄럽게 했던 문제의 기사는 그대로 묻혀 버리는 듯했지. 그런데 사망 400주년이 되는 2016년, 그의 두개골 도난 사건의 진실을 확인할 수 있게 되었어. 그동안 과학이 발달해서 묘를 파내지 않고도 땅속을 레이더로 알아볼 수 있는 장치가 개발되었거든. 연구 팀이 시신이 있는 곳 위를 레이더로 조사한 후 사람들이 물었어.

"Does his body remain **in one piece**?"
(그의 시신이 안전하게(손상되지 않은 원래 상태로) 잘 있나요?)

놀랍게도 연구 팀은 두개골이 무덤에 없을 가능성이 매우 높다고 대답했어. 실제 무덤을 파내고 뼈를 확인한 게 아니라서 100% 장담할 수는 없지만 레이더로 조사한 결과, 머리가 있어야 할 위치에서 머리가 탐지되지 않았으니 머리뼈가 없을 거라고 결론을 내린 거야.

기가 콱 막히는 일이지만, 수백 년 전에는 불세출의 천재나 특별한 사람이 사망하면 장례 후 묘를 파내고 머리를 훔쳐 가는 경우가 종종 있었대. 특별한 사람의 머리통 속은 어떨까, 머리통 모양은 어떻게 다를까 이런 걸 연구하려는 사람들이 있었거든. 또 특별한 사람의 머리니까 소장 가치가 있다 생각해서 갖고 싶어 하는 사람도 있었고.

도대체 저주도 불사하고 묘를 파내 두개골을 가져갈 만큼 특별한 그가 누구냐 하면, 바로 윌리엄 셰익스피어야. 다들 한 번쯤 들어 봤지?《로미오와 줄리엣》,《햄릿》,《베니스의 상인》 등 많은 명작을 남긴 영국의 위대한 극작가 말이야. 아무리 천재의 두개골이 탐이 나도 그렇지 도굴이라니…….

10. go belly up

실패하다, 망하다

go ~하다
belly 배, 복부
up 위로

물고기를 생각하면 딱 감이 올 거야. 살아 있는 물고기는 보통 등이 보이는 자세로 물속에서 헤엄을 치며 사는데, 죽으면 몸이 뒤집혀 배를 드러낸 채로 물에 둥둥 뜨거든. **go belly up**은 '죽은 물고기처럼 배를 드러내다', 즉 '실패하다, 망하다' 이런 뜻이야.

특히 사업, 회사, 가게 등이 망해서 파산한 경우에 자주 쓰여. 또 계획, 아이디어, 스포츠 팀이 실패했을 때, 자동차나 기계가 고장 났을 때도 **go belly up**을 쓸 수 있어.

예를 들어 볼게

일주일 뒤에 영어 단어 시험이 있어. 부모님께 이번 단어 시험은 공부 계획을 완벽하게 세워서 100점을 맞겠다고 큰소리를 쳤어. 외울 단어가 엄청 많았지만, 계산해 보니까 하루에 25개씩 외우면 되겠더라고. 나는 아주 치밀하게 계획을 세웠어. 공부는 계획이 중요하거든. 시간표도 세밀하게 만들었어. 물론 실천이 쉽지 않았어. 하지만 계획이 완벽하기 때문에 계획대로만 하면 된다는 믿음과 확신을 갖고 셋째 날까지 매일 25개를 외웠어.

넷째 날에 엄마가 시험 준비가 잘 되어 가는지 물었어. 계획이 워낙 완벽하다 보니 계획대로만 하면 100점이라고 아주 거만하게 큰소리를 쳤어. 엄마가 그럼 지금까지 얼마나 외웠는지 보자고 하길래 엄마 앞에서 외운 단어들을 자랑스럽게 보여 드렸지. 그런데 어제까지 외운 단어들이 굉장히 새롭고 신선한 느낌으로 다가오는 거야. 마치 누군가 이 단어들을 막 만들어 낸, 그래서 전에 한 번도 본 적이 없고 지금 처음 만난 듯 몹시도 낯선 느낌. 설마 그동안 외운 걸 모조리 까먹은 것인가! 매일 새로운 단어를 25개씩 외우면 된다고 생각했는데, 내가 까먹기의 달인이라는 사실을 계획 세울 때 까먹었던 거야. 어쩌자고 이런 치명적인 실수를……. 나는 엄마에게 말했어.

Mom, my plan goes belly up.
엄마, 내 계획은 폭삭 망했어요.

범고래의 신박한 사냥법

물고기는 죽으면 배가 보이도록 몸이 뒤집힌 상태로 물 위에 떠 있지만, 살아 있을 때는 몸이 뒤집히거나 물 위에 뜨는 법이 없어. 잘 때도 눈꺼풀이 없어서 눈을 감지는 못하지만 지느러미를 최소한으로 움직이면서 가만히 있을 뿐, 배를 드러내며 몸이 뒤집히지 않아.

그런데 상어는 특이해. 물론 상어도 죽으면 몸이 뒤집혀 배를 드러낸 상태로 물 위에 떠. 신기한 건, 상어는 누가 강제로 몸을 뒤집으면 마치 죽은 것과 비슷한 상태가 된다는 거야. '긴장성 부동화'라고 하는데, 너무 놀라거나 당황하거나 공포감 때문에 몸을 움직이지 못하는 상태야. 비슷한 예가 토끼에게도 있어. 토끼를 물이 담긴 통에 넣으면 마치 반신욕을 즐기듯 가만히 있는데, 사실은 물을 두려워하는 토끼가 극도의 공포심에 스스로를 기절시켜 몸을 못 움직이는 거야. (토끼 목욕은 절대 금지!)

상어는 긴장성 부동화 상태에서 10~15분 정도 지나면 정신을 차리고 이전의 무시무시한 상어로 돌아가. 혹시 바다에서 상어를 만나면 재빨리 상어 몸을 뒤집어 봐. 상어가 기절해서 꼼짝 못 하면 그사이 상어에게 따귀 한 대 날려 주고 얼른 도망가면 돼. 그렇게 할 수 있다면 말이야.

신기한 건 범고래가 상어를 사냥할 때 '긴장성 부동화'를 이용한다는 점이야. 범고래가 '긴장성 부동화'라는 용어를 아는지 모르겠는데, 아무튼 범고래는 상어를 사냥할 때 일부러 상어의 몸을 뒤집어. 그래야 상어를 사냥하기 쉬우니까. 실제로 2016년 미국 캘리포니아주 연안에서 범고래 세 마리가 상어의 몸을 뒤집어 꼼짝 못 하는 상태로 만든 뒤 잡아먹는 영상이 드론으로 촬영된 적도 있어.

범고래는 생긴 것만 멋진 줄 알았는데 머리도 참 영특하네.

11. monkey business

바보 같은(우스꽝스러운) 행동, 속임수

monkey 원숭이
business 사업, 업무, 일, 사건

단어 그대로의 의미는 '원숭이 일'이야. 원숭이가 하는 행동을 한번 생각해 봐. 원숭이는 종류에 따라 생김새도 행동도 많이 다르지만, 일반적으로 원숭이는 귀여운 까불이 혹은 말썽꾼의 이미지를 갖고 있어. 실제로 인도에서는 원숭이가 사람들 가방에서 물건이나 먹을 것을 몰래 빼내는 건 흔한 일이고, 심지어 갓난아기를 납치한 원숭이도 있었어.

그래서 **monkey business**에는 '우스꽝스럽고 바보 같은 짓' 그리고 '남을 속이는 사기꾼 같은 짓', 이렇게 두 가지 의미가 있어. 실제 불법에 해당하는 사기, 속임수에 이 표현을 쓰기도 해.

예를 들어 볼게

이번 학예회 때 나는 아주 재미있고 독특한, 다른 아이들과는 완전히 차원이 다른, 무척이나 신선하고 새로운 공연을 하고 싶어. 나는 원래 창의적이고 개성이 넘치는 사람이라 남들과 비슷하거나 평범한 건 싫어하거든.

애들이 보통 노래를 하거나 연예인 춤을 추거나 악기를 연주하는데, 그동안 나는 일종의 묘기를 접목시킨 공연을 주로 해 왔어. 아이들 앞에서 컵라면 10개 먹기, 모자에서 꽃과 토끼가 나오는 마술 쇼 이런 거 말이야. 아쉽게도 컵라면은 3개밖에 못 먹었는데 선생님께서 강제로 중단시켰어. 내가 좀 느리게 먹거든. 겨우 40분밖에 안 지났는데 말이야. 모자에서 꽃과 토끼가 나오는 마술도 열심히 연습했거든. 친구들도 엄청 기대했는데, 토끼가 모자 속에서 기절을 한 거야. 짠! 할 때 나오게 하려고 토끼를 가둬 둔 게 화근이었지. 토끼가 죽은 줄 알고 교실에서 난리가 나는 통에 마술 쇼도 엉망이 되었어. 다시 생각해도 정말 안타까워.

그래서 이번에는 절대 실패하지 않고 엄청 멋진 공연을 하리라 마음먹었어. 내가 공연하겠다고 신청하니까 선생님과 아이들이 입을 모아 이러더라.

No more monkey business, please.
더 이상 바보 같은 짓은 그만, 제발.

야심 차게 준비해서 지난번 공연의 실패를 만회하려고 했는데 못 하게 됐지 뭐야. 정말 아쉬워.

원숭이 꼬리가 달린 소년

원숭이를 우스꽝스럽게 생각해서 이 같은 표현이 생겼지만, 어떤 문화권에서는 원숭이를 신성시하기도 해. 세계에서 가장 오래된 종교 중 하나인 힌두교는 아주 많은 신들을 믿는데, 그중에 원숭이 신 하누만이 있어. 그런데 힌두교에서도 하누만을 장난기 있는 신으로 여겨.

힌두교에서 원숭이를 신으로 모시다 보니 이런 일도 있었어. 인도의 한 소년의 가족은 모두 이슬람교도인데, 이 소년은 엉뚱하게 힌두교도들에게 숭배를 받아. 신이 인간의 모습으로 환생했다는 거야. 이유는, 소년의 등 아래쪽의 긴 털 때문이야. 태어날 때부터 거기에 털이 나 있었고 자라면서 털도 길어졌는데 긴 털이 엉켜서 멀리서 보면 꼬리로 보였지.

덕분에 소년은 어려서부터 원숭이 신 하누만의 환생으로 여겨져 사랑과 관심을 듬뿍 받았을 뿐 아니라 힌두교도들의 숭배를 받으며 살았어. 사람들은 아침에 아이를 만나면 아침부터 신의 얼굴을 보았으니 운이 좋을 거라며 기뻐했고, 아이에게 바나나, 망고 같은 과일을 주는 건 늘 있는 일이야. 사람으로 환생한 하누만의 축복을 받기 위해 선물을 들고 멀리서 찾아오는 손님도 많아.

학교에서도 마찬가지야. 선생님들은 절대 소년을 야단치지 않았는데, 신을 노엽게 하면 안 되기 때문이지. 그래서 아이는 길게 자라 엉킨 털을 잘라 낼 생각이 없고, 가족들도 털을 잘라 내면 저주를 받을까 두려워한대.

문제는 아이의 미래야. 원숭이 신 하누만은 결혼을 하지 않고 힌두교의 또 다른 신 라마를 모시거든. 어느 날 힌두교도들이 소년의 집에 찾아와 소년을 입양하겠다고 한 적이 있어. 하누만은 결혼을 하면 안 되는데 혹시 이슬람교도인 부모가 소년이 크면 결혼을 시켜 버릴까 걱정했던 거지. 하지만 가족들은 사랑으로 알아서 잘 키우겠다며 입양 제안을 거부했어. 이쯤 되니 이 소년의 미래가 궁금해지네.

긴 털이 엉켜 꼬리처럼 보이는 게 아닌, 실제 꼬리를 가진 경우도 있어. 이 아이도 인도 소년인데 10센티미터 정도의 꼬리를 가지고 태어났어. 이 꼬리는 척추뼈와 연결된 진짜 꼬리야. 원래 없어야 하는 이 꼬리 때문에 소년은 제대로 걸을 수가 없었어. 물론 이 소년 역시 동네 사람들로부터 하누만의 환생이라고 숭배를 받았어. 축복을 받으러 찾아오는 사람들 또한 많았고 선물도 많이 받았지만, 꼬리 때문에 척추에도 이상이 생겨 다리가 휘었지. 결국 걷기 위해 꼬리를 잘라 내는 수술을 받았어. 수술 후, 사람들은 더 이상 소년을 신이라 부르지도 않고 숭배도 안 하고 선물도 주지 않았지만, 소년은 평범한 사람으로 살게 되어 기쁘다고 했대.

이외에도 실제 꼬리를 가진 인도 소년은 더 있어. 대부분이 성장하면서 걷기 어렵거나 척추에 무리가 가기 때문에 신이고 뭐고 다 필요 없다며 제거 수술을 받지. 가장 긴 꼬리로 기록된 경우는 무려 19센티미터였어. 척추와 연결되어 있었고 신경도 있어서 이 소년은 바지를 입을 때 꼬리를 스스로 움직일 수 있었다고 해. 이 소년 역시 제거 수술을 받았어.

　인도뿐 아니라 중국에서도 15센티미터 길이의 꼬리를 가진 채 태어난 남자아이가 있어. 처음에는 그저 개성 있다, 생긴 대로 살아야 한다며 가족들이 수술을 거부했어. '작은 원숭이'라고 불리며 귀여움을 받았지만, 역시 꼬리 때문에 걷지 못하게 되자 2016년도에 제거 수술을 받았어.

　다들 알겠지만, 사람은 꼬리가 없는 게 정상이야. 사람의 꼬리는 일종의 척추뼈 기형이야. 등 아래쪽에만 길게 털이 자라는 것 역시 신경관 기형 때문에 생긴 거고.

12. apples and oranges
서로 전혀 달라 비교할 수 없는 것

apples 사과들　**and** 그리고
oranges 오렌지들

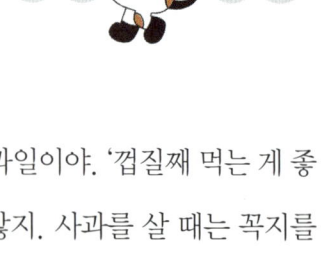

　　사과와 오렌지는 둘 다 과일이지만 특성이 전혀 다른 과일이야. '껍질째 먹는 게 좋다'는 말은 사과에는 해당되지만 오렌지에는 해당되지 않지. 사과를 살 때는 꼭지를 보고 고르는 게 좋지만 오렌지를 살 때도 그럴까? 아니지. 오렌지는 꼭지가 없잖아. 이처럼 너무 달라서 같은 기준으로 비교하면 안 되는 상황일 때 이 표현을 사용해.

예를 들어 볼게

　　어느 연예인이 다이어트를 하다가 쓰러졌어. 원래 살이 찌면서 건강에 문제

　가 생겨 다이어트를 하기 시작했는데, 밥 대신 사과만 먹었대. 당연히 금세 살이 쏙 빠졌지. 문제는 이후에도 더 날씬해지려고 계속 밥은 안 먹고 사과만 먹다 결국 쓰러진 거야.

　텔레비전 뉴스에서 이 연예인의 기사를 보면서 엄마가 혀를 찼어. 엄마는 다이어트도 좋고, 사과도 좋은 과일이지만 무엇이든 너무 과해서 좋은 건 없다며 적당히 중간을 유지해야 한다고 하셨어. 맞는 말씀이야. 나는 온몸으로 공감하며 엄마에게 이렇게 말했어.

　"그래서 제가 공부하다 말고 중간에 게임을 하는 거예요. 게임을 너무 해도 문제지만 너무 안 해도 문제거든요. 공부도 너무 하거나 너무 안 하거나, 둘 다 안 좋아요. 그래서 공부를 너무 많이 했다 싶으면, 공부를 중단하고 게임을 하는 거예요. 무엇이든 너무 과하지 않게, 적당히 중간을 유지해야 하니까요."

　이 말을 들은 엄마의 대답이 이랬어.

Apples and oranges, son.
그건 전혀 다른 문제란다, 아들아.

4억 번의 딸꾹질

대부분의 과일이 그렇듯 사과도 적당히 잘 먹으면 건강에 굉장히 유익한 과일이야. '하루 사과 한 알이면 의사를 멀리할 수 있다An apple a day keeps the doctor away'라는 속담이 있을 정도야. 사과는 그냥 먹어도, 주스로 먹어도, 사과 파이로 먹어도 다 맛있고 유익한데, 사과로 만든 식초가 특히 건강에 좋아서, 고혈압, 당뇨, 혈액 순환, 소화 기능에 효과가 있어.

사과 식초가 만병통치약은 아니지만, 별의별 효과가 다 있거든. 심지어 딸꾹질을 멈추는 효과도 있어. 딸꾹질이 날 때 사과 식초를 물에 타서 마시면 딸꾹질이 멈춰. 이 사실을 찰스 오스본이 진즉에 알았다면 참 좋았을 텐데. 그는 무려 68년 동안 딸꾹질을 해서 '세상에서 가장 오랫동안 딸꾹질을 한 사람'으로 기네스북에도 오른 사람이거든.

찰스 오스본은 돼지를 키우는 농장주였어. 서른 살 때 딸꾹질이 시작되어 97세 때까지 68년 동안 딸꾹질이 멈추지 않았어. 68년간 그가 한 딸꾹질 횟수가 4억 번이 넘어. 다들 딸꾹질을 해 봐서 알겠지만 딸꾹질이 멈추지 않고 계속되면 엄청 스트레스잖아. 그런 딸꾹질을 거의 평생 한 셈인데, 놀랍게도 그는 결혼도 하고, 자녀도 낳고, 농장 일도 하면서 평범한 생활을 했어.

그의 말에 의하면 1922년, 농장의 돼지 무게를 재다 넘어지면서 딸꾹질이 시작되었다고 해. 넘어지면서 딸꾹질을 억제하는 뇌의 어떤 부분이 손상된 게 아닌가 생각한대. 당시에는 치료를 받을 만한 형편이 안 돼서 그냥 딸꾹질을 하면서 살 수밖에 없었어. 그의 안타까운 사연이 알려지자 전국에서 딸꾹질을 멈추는 비법을 적은 편지를 엄청 보내왔어. 오만 가지 방법을 다 써 보았지만 효과가 전혀 없었지. 나이가 많이 들자 딸꾹질 횟수가 줄어들긴 했지만, 딸꾹질 때문에 음식을 잘 씹거나 삼킬 수 없어서 음식을 죽처럼 갈아 먹어야 했어.

그러다 1990년 어느 날, 아무 일도 없었던 것처럼 그냥 딸꾹질이 멈추었대. 처음에는 딸꾹질을 안 하는 자신의 모습이 오히려 낯설었을 것 같아. 찰스 오스본은 딸꾹질 최장 시간 기록으로 기네스북에도 올랐고, 그렇게 간절히 바라던 딸꾹질 없는 삶을 살 수 있게 되었지만, 그 후 오래 살지는 못했어. 다음 해 평소 앓던 병으로 세상을 떠났거든.

찰스 오스본이 시도했다는 오만 가지 방법 중 사과 식초가 있었을까?

사과 식초 말고 설탕도 효과가 있어. 영국의 의학 학술지 '뉴잉글랜드 저널 오브 메디신New England Journal of Medicine'에 따르면, 무려 6주 동안 딸꾹질이 멈추지 않은 20명에게 설탕 한 숟가락을 입에 넣고 꿀꺽 삼키게 했더니 이 중 19명의 딸꾹질이 멈추었대. 찰스 오스본이 받았다는 수많은 치료법 중에 설탕이 있을지도 모르겠어.

참고로, 사과 식초나 설탕으로 해결할 수 없는 딸꾹질도 있어. 호흡과 관련이 있는 횡격막이 자극을 받으면 딸꾹질을 하는데, 말초 신경과 중추 신경계 등의 문제로 횡격막에도 문제가 생기면 딸꾹질이 계속될 수 있어. 그래서 만약 다른 데 이상이 전혀 없는데 딸꾹질이 멎지 않으면, 뇌에 문제가 있는지 검사를 해. 이런 경우에는 약을 먹어서 치료할 수 있어.

    찰스 오스본의 경우도 뇌의 문제일 수 있지만 약물 치료 없이 어느 날 갑자기 딸꾹질이 멎었다는데, 오래 전 일이라 확인할 방법은 없네.

13. none of your beeswax

남의 일에 상관하지 마

none of ~이 아닌
your beeswax 너의 밀랍

'beeswax밀랍'은 벌들이 벌집을 만들 때 나오는 분비물인데, 양초와 화장품 재료로 많이 쓰여. 이 표현은 직역하면 '너의 밀랍이 아니다'라는 뜻인데, '내 일에 상관(간섭)하지 마', '남의 일에 신경 꺼'라는 의미야.

'none of your business너의 일(사업)이 아니다'라는 표현과 의미가 완전히 똑같아. 'business'와 'beeswax' 두 단어의 발음이 비슷해서 두 표현이 혼용해서 쓰이는 거 같아. 'mind your own beeswax', 'mind your own business'라고 표현할 수도 있는데, 의미는 **none of your beeswax**와 같아.

예를 들어 볼게

　누나가 친구 생일 파티에 간대. 누나 방에 가 보니 옷이 의자에도 걸려 있고, 침대와 방바닥에도 널려 있어. 딱 보니 생일 파티에 멋지게 차려입고 가고 싶어서 이 옷, 저 옷 갈아입어 봤나 봐. 누나가 평소에 옷을 잘 못 입는다는 사실이 생각났어. 아무래도 패션 감각이 남다른 내가 도와줘야 한다는 강한 의무감이 들었지.

　그래서 누나 방에 들어가서 일단 현재 입고 있는 옷, 옷장에서 꺼내 한 번씩 입어 보고 벗어 놓은 이 옷들은 죄다 촌스럽다고 따끔하게 한마디 날려 줬어. 그리고 옷장에서 개중 덜 이상한 바지와 최신 유행은 아니지만 남들이 최신 유행이라고 오해할 가능성이 가장 높은 티셔츠를 골라 줬지. 가장 방해가 되는 건 누나의 얼굴이기 때문에 멋지게 보이려면 얼굴을 최대한 가리는 게 좋을 거라는 조언도 잊지 않았어. 머리를 절대 묶지 말고, 앞머리 옆머리 뒷머리 할 것 없이 머리카락을 최대한 얼굴 쪽으로 내리라고, 그게 싫으면 모자를 아주 깊게 푹 눌러쓰거니 엄마 선글라

스를 빌려 쓰라고 덧붙여 주었지. 이렇게 누나에게 꼭 필요한 조언을 해 주었더니 누나가 이러더라고.

> **None of your beeswax, brother.**
> 남의 일에 신경 꺼라, 동생아.

밀랍은 벌집과는 달라. 밀랍은 벌이 벌집을 만들기 위해 스스로 몸에서 만들어 낸 물질로, 한마디로 벌집의 재료 중 하나야.

벌들은 꽃밭에서 꽃꿀을 빨아 벌집 안에 토해 내. 어린 벌들은 벌집 안에서 이 꽃꿀을 먹고 토하기를 반복하는데, 이 과정에서 벌의 침과 섞이면서 꽃꿀이 발효되지. 발효된 꽃꿀에 날갯짓을 해서 물기를 증발시켜 끈적한 상태로 만들면, 이게 바로 우리가 아는 꿀이야. 벌들은 방에 꿀을 저장하고 덮개를 덮어 밀봉하는데, 이때 밀랍을 사용해. 벌이 자기 몸에서 밀랍을 만들어 뱉어 내는 거야.

밀랍으로 양초를 만들기도 하지만, 밀랍에는 프로폴리스가 많아서 화장품 재료로도 많이 쓰여. 밀랍도 꿀도 사람이 요긴하게 잘 쓰는데, 신기하게도(혹은 좀 난감하게도) 둘 다 벌의 몸 안에 들어갔다가 입을 통해 침과 섞여 나온 것들이야. 벌의 침이 섞이지 않은 밀랍이나 꿀은 없어.

밀랍은 꿀처럼 사람이 먹어도 돼. 단, 껌처럼 잘근잘근 잘 씹히지만 삼키는 건 좀 거북스럽기 때문에 보통 밀랍을 씹다가 단 물이 다 빠지면 뱉어 내지.

벌의 침을 먹다니, 웩! 더럽다고? 벌의 침이 잔뜩 들어간 꿀을 먹어도 되나, 걱정

되니? 보통 먹다 남은 음식은 사람의 침이 들어가서 금방 상한다고 하잖아. 그런데 꿀은 달라. 벌의 침은 사람 침과는 다르거든. 또 침과 함께 꽃꿀이 발효되면서 꿀의 유통 기한은 엄청 길어져. 배추를 그냥 두면 금방 상하지만, 배추를 절여서 발효시킨 김치는 금방 상하지 않는 것처럼 말이야.

고대 이집트 무덤 속 꿀단지

꿀의 유통 기한은 얼마나 될까? 밀랍으로 단단히 밀봉된 상태로 벌집에 들어 있는 꿀은 놀랍게도 유통 기한이 없어. 즉 영원히 썩지 않는다는 뜻이야.

설마 하겠지만, 정말이야. 꿀에는 벌의 침만 들어 있는 게 아니라, 외부에서 박테리아나 곰팡이 균이 들어오면 이를 퇴치하는 소독제, 살균제도 들어 있어. 그래서 의학이 발달하기 전에(심지어 의학이 발달한 후에도) 상처가 나면 꿀을 발랐는데 꿀의 살균 성분이 상처가 덧나지 않고 잘 아물게 하기 때문이야. 그러니 밀봉까지 잘된 꿀이라면 안 썩는다고 보면 돼. 단지나 병에 옮겨 담은 꿀 역시 유통 기한이 엄청 길어. 엄청 길다면, 도대체 얼마나 길까?

고대 이집트 투트 왕의 무덤이 발굴되었을 때, 무덤 안에서 여러 가지 물건이 나왔는데 그중에는 꿀단지도 있었어. 수천 년 된 무덤에서 나왔다면 최소한 수천 년 묵은 꿀이라는 얘기인데, 상태는 어제 바로 사 온 것처럼 멀쩡해 보이는 거야. 그래서 한 번 찍어 먹어 보니, 세상에! 꿀맛이었대.

그 무덤은 3,000년 전 무덤으로 추정되거든. 아무리 뚜껑이 닫힌 상태였다고 해도 그렇지, 먹을거리가 3,000년이나 지났는데 멀쩡하다니! 꿀의 유통 기한은 이 정도로 어마어마하다는 말씀!

14. blue blood

상류층, 부유한 집안 출신

blue 파란   blood 피

    피는 원래 빨간색이잖아. 영화에 나오는 외계인이 아닌 이상 사람 피는 모두 빨간색이지. '파란 피'라는 뜻의 **blue blood**는, 일반적인 사람들과는 다르다는 의미를 담고 있어. 평범한 사람은 피가 빨간색인데, '평범'과는 거리가 먼 귀족이나 왕족은 평민들과는 완전히 달라서 심지어 피 색깔도 다르다, 이런 거지. 실제 피 색깔이 파랗다는 뜻이 아니야.

    사람의 피는 예나 지금이나, 왕이나 하인이나, 교육을 많이 받은 사람이나 못 받은 사람이나 다 빨간색이야. 지금은 귀족, 평민 같은 게 없기 때문에 **blue blood**는 '학벌이 높거나 권력을 가진 집안, 부유한 집안 출신'이라는 의미로 쓰여.

예를 들어 볼게

내가 아는 한 친구는 머리부터 발끝까지 몸에 걸친 게 다 비싼 것들뿐이야. 모자, 청바지, 가방, 신발은 물론이고, 스마트폰도 어른들이 쓰는 비싼 최신 기종이야. 기능이 얼마나 좋은지, 속도가 얼마나 빠른지 걔가 스마트폰으로 게임할 때 보면 입이 딱 벌어져.

가방만 비싼 게 아니라 가방 안에 들어 있는 것도 비싼 거야. 필통도, 필통 안에 들어 있는 필기구들도 동네 문구점에서 파는 몇백 원짜리가 아니더라고. 또 간식도 엄청 비싼 것만 잘도 사 먹어. 나는 가게에서 먹고 싶은 게 있으면 가격을 먼저 보는데, 걔는 일단 먹고 싶은 걸 집어 들고 얼마인지 물어봐. 누나한테 걔 얘기를 해 주었더니 누나가 그래.

So he spends money like blue blood.
그러니까 걔는 부자 귀족처럼 돈을 써 대는구나.

나는 누나한테 하소연했어. 비싼 가방이나 옷은 부럽지 않은데, 녀석의 스마트폰이랑 간식 사 먹을 때 돈을 펑펑 쓰는 건 부럽다고 말이야. 나도 그렇게 좀 해 볼 수 없을까, 하고 물었더니 누나가 하는 말.

Your blood is not blue.
네 피는 파랗지 않잖아(너는 부자 귀족이 아니잖아).

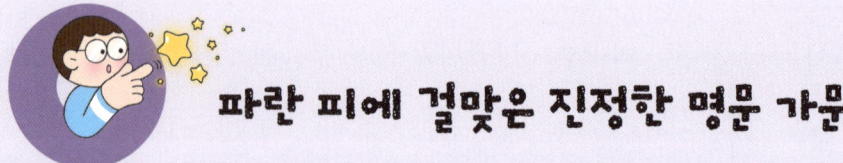
파란 피에 걸맞은 진정한 명문 가문

동물 중에도 blue blood가 있어. 이 동물은 정말 특별한 가문이거든. 일단 머리가 엄청 좋아서 이 집안은 조상들, 후손들 할 것 없이 돌머리가 없어. 심지어 사람도 이 동물의 집안은 전부 천재라는 걸 인정할 정도니까 할 말 다 했지. 그럴 수밖에 없는 게 뇌가 9개거든. 자그마치 9개의 뇌가 온몸에 퍼져 있으니 머리가 안 좋으려야 안 좋을 수가 없어. 멍텅구리로 태어나는 게 불가능한 가문인 거지.

또 이 동물은 심장이 3개야. 동물의 왕국에서 최고의 포식자인 인간도 심장이 하나뿐인데(물론 뇌도 하나뿐이지만), 얘들 집안은 어떻게 된 걸까? 뇌는 9개, 심장은 3개라니, 이보다 호사스러운 몸을 가진 동물이 또 있을까? 신체 구조가 '풍요로움' 그 자체야. 인간은 원래 피가 빨간색인데 가문이 좋고 부유한 귀족인 경우 '특별하다'는 의미로 비유적으로 그냥 피가 파랗다고 표현만 하는 거잖아. 그런데 이 집안은 남녀노소 가리지 않고 온 집안 식구의 피가 죄다 파란색이야. 그냥 하는 말이 아니라, 실제로 피 색깔이 파래.

이 특별한 가문이 어디냐, 바로 문어 가문이야.

문어는 아가미 쪽으로 피를 보내는 2개의 작은 심장과 사람처럼 온몸에 피를 보내는 큰 심장 1개, 이렇게 심장이 3개야. 문어는 긴 발 8개가 사방으로 뻗어 있지만 심장이 3개나 되기 때문에 피를 온몸에 효과적으로 보낼 수 있어.

그리고 문어는 중심이 되는 큰 뇌가 몸에 1개가 있고, 8개의 각 발마다 작은 뇌가 있어서 발이 각각 독립적으로 움직일 수 있어. 문어가 똑똑하다는 건 이미 다들 아는 사실인데, 뇌가 9개나 되니 똑똑하지 않다면 그게 더 이상한 일이지. 발마다 있는 작은 뇌 덕분에 8개의 발에 달린 수많은 빨판은 맛도 잘 보고 뭔가 만졌을 때 촉감도 더 잘 느껴.

　동물의 피는 온몸을 돌면서 산소를 운반해. 사람의 경우 핏속 헤모글로빈이 산소를 운반하거든. 그래서 핏속에 헤모글로빈이 많아. 문어는 헤모글로빈이 아닌, 헤모시아닌이 산소를 운반해. 헤모글로빈이 헤모시아닌보다 산소를 잘 운반하지만, 바닷속처럼 추운 데서는 헤모글로빈이 일을 잘 못해. 그래서 춥고 산소도 부족한 곳, 이를테면 문어가 사는 바닷속 같은 경우 헤모시아닌이 산소를 운반해.

　헤모글로빈 안에는 철이 많고, 헤모시아닌에는 구리가 많은데, 철은 산소와 만나면 붉은색으로 보이고 구리는 산소와 만나면 파랗게 보여. 그래서 헤모글로빈이 많은 피를 가진 사람의 피는 빨간색이고, 헤모시아닌이 많은 문어의 피는 파란색이야.

　귀족이라서가 아니라, 헤모시아닌 때문에 피가 파랗다면 출신 가문에 상관없이 헤모시아닌이 산소를 운반하는 동물의 피는 파란색이겠지? 맞아, 문어뿐 아니라 오징어, 거미, 투구게 모두 핏속 산소 운반을 헤모시아닌이 하기 때문에 피가 파래. **blue blood**가 돈 많고 권력이 있는 명문이나 귀족의 의미를 갖는 건, 사람에게만 해당하는 이야기네.

15. leave ( ) high and dry

( )를 돌보지 않고 방치하다

leave ~에 남겨 두다, ~에 두고 떠나 버리다
high and dry 높고 건조한

영화에서 그런 장면 있잖아. 사방을 둘러보아도 건물은커녕 자동차도 없고 그늘이 될 만한 나무도 없는 사막. 간간이 도마뱀이나 전갈 같은 게 보이지만, 그 외에는 생명체라고 할 만한 게 보이지 않아. 그 광활하고 건조한 사막 한가운데 높이 솟은 바위산 위에 누가 혼자 있는 그런 장면 말이야.

영화에서는 그런 상황에서도 주인공이 잘도 살아남아. 기적처럼 헬리콥터가 나타나 구조해 주거나, 작은 바지 주머니에서 생존에 필요한 별의별 물건들이 줄줄이 나오기도 하지. 난데없이 악당이 나타나면 주인공은 악당을 단번에 물리치고 악당이 타고 온 자동차를 뺏어 타고 그곳을 벗어나기도 해. 다들 알겠지만 현실은 절대

그렇지 않지. 그런 데 있으면 살아남을 확률이 아주, 몹시, 대단히 적어. 누군가 나를 그런 데 남겨 두고 떠나 버린다면 나더러 죽으라는 뜻이야.

이 표현은 어떻게 되든 상관없다는 듯 '누군가를 안 좋은 상황에 내버려 둔다'는 그런 의미지.

예를 들어 볼게

우리 집 반려견 말숙이는 참 예뻐. 그런데 하는 짓은 엄청 뻔뻔해. 얘는 배변 패드에 똥오줌을 싸고 그냥 쓱 가 버려. 사람더러 자기 똥오줌을 치우라는 건데, 조금도 미안해하는 기색이 없어. 밥 먹는 것도 그래. 얘가 잘 안 먹으면 부모님이나 누나는 배고플까 봐 간식을 그렇게 갖다 바쳐. 밥을 잘 먹으면 "우리 말숙이 잘 먹는다. 예쁘다." 칭찬을 해 줘. 내가 밥투정하면 엄마는 "그럼 굶어." 이러면서 밥그릇을 치워 버리거든.

소파에 누가 앉으면 득달같이 달려와 사람 사이에 비집고 들어와. 그럼 말숙이가 편하게 사람 사이에 껴 앉을 수 있도록 다들 자리를 비켜 줘. 먼저 앉은 사람이 임자인데, 질서도 차례도 안 지키고 뻔뻔하게 뭐 하는 짓이냐고. 너무 예뻐해 주니까 얘가 버릇이 없어.

나는 말숙이를 염치 있는 개로 엄하게 키우리라 결심했어. 그래서 부모님이 외출하셨을 때 말숙이가 배변 패드에 오줌, 똥을 싸도 안 치워 줬어. 냄새가 지독했지만 말숙이 교육을 위해 참았어. 또 밥그릇에 사료를 넣고 말숙이가 기어 올라가야 하는 좀 높은 데 두었어. 배가 고프면 적극적으로 사료 냄새를 찾아 나서겠지. 간식은

절대 주지 않았고, 물도 평소 두던 곳이 아니라 찾아 나서야 먹을 수 있는 데로 옮겨 두었어. 그러니까 숨겨 둔 거지.

    저녁에 부모님이 오셨어. 말숙이가 문 열리는 소리에 쏜살같이 현관으로 달려가 펄쩍펄쩍 뛰며 서러운 듯 막 울부짖어. 엄마가 말숙이 얼굴에 개 소리 번역기를 대니까, 이런 문장이 떴어.

> **He left me high and dry.**
> 오빠가 저를 안 돌봐 주고 방치했어요.

# 죽여도 죽여도 죽지 않는

물도 없고 먹을 것도 없는 높은 데 갖다 놓고, 돌보지 않고 방치하면 살 수 있는 동물이 있을까? 며칠은 견딜 수 있겠지만, 몇 주나 몇 달, 아니 1년이 지나도록 그냥 거기에 놔두면 살아남을 수 있겠어?

아무도 못 살지. 얘만 빼고. 얘는 살 수 있어. 사실 얘는 물리적으로 때려죽이거나 눌러 죽이는 거 말고는 죽이기가 힘들어. 웬만해서는 안 죽기 때문에 혹시 불사조 사촌이 아닌가 싶기도 해.

먹을 게 아무것도 없고 심지어 산소 양도 적어 숨 쉬기도 힘든 아주 높은 곳에 얘 혼자 놔두고, 몇 달 동안 먹을 걸 안 주면 죽을까? 안 죽어. 얘는 먹이를 전혀 먹지 않고도 1년이나 살 수 있거든. 또 비슷한 몸집의 다른 동물들이 숨 쉴 때 필요한 산소의 10분의 1만 있어도 숨 쉬는 데 전혀 지장이 없어.

그럼 물이 거의 없고 자외선이 강한 사막에 두면 피부가 타들어 가고 목말라 죽지 않을까? 안 죽어. 얘는 원래 사막에 잘 살아. 잡아먹는 먹이 안에 든 수분만으로도 충분해서 물을 따로 먹지 않아. 또 한 실험에서 얘한테 강한 자외선을 쏘아 보았는데 안 죽더래. 자외선 따위는 얘가 생존하는데 아무 문제가 되지 않아.

자외선이 먹히지 않는다면 얼려 볼까? 가혹하지만 이렇게 생각한 사람도 있었어. 그래서 얘들 몇 마리를 데려와 꽝꽝 얼려 보았지. 아무리 생존의 달인이라도 얼어 죽지 않는 게 가능하겠어? 기가 차게도 가능하더라고. 밤새 완전히 얼린 후 다음 날 상온에 두었더니, 얼었던 몸이 녹자 대부분이 마치 몸이 얼어붙은 적이 없다는 듯 전처럼 잘도 돌아다녔어.

그럼 물에 빠뜨려 죽이면 되지 않을까? 그래도 안 죽어. 평소 물도 안 마시는 얘들을 이틀 동안 물속에 빠뜨린 다음 빼냈더니, 마치 물속에 빠진 적 없다는 듯 전처럼 잘도 돌아다녔어.

심지어 수명도 길어. 크기가 비슷한 동일 종류의 다른 동물들의 수명은 짧게는 몇 달, 길어야 몇 년이거든. 그런데 얘들은 사람이 사육장에서 키우면, 즉 포식자에게 잡아먹히거나 큰 동물에게 밟혀 죽는 일이 없이 온전히 수명을 다 살면, 최대 25년이나 살 수 있어. 10년씩 사는 건 흔한 일이고. 늙어서 자연사하는 데도 시간이 아주 오래 걸리는 녀석인 거지.

얼려 죽이기도, 물에 빠뜨려 죽이기도, 굶겨 죽이기도 힘든, 불사조 사촌이 아닌가 정체가 가히 의심스러운 이 녀석은 바로 전갈이야. 얘들을 죽이는 게 왜 이렇게 힘든가 알아봤더니, 생명에 위협적인 극한 환경에 놓이면 전갈은 신진대사를 아주 느리게 해서 몸의 에너지를 굉장히 적게 쓸 수 있대. 곰이 겨울잠을 자는 동안, 죽은 건 아니지만 신진대사를 느리게 해서 최소한의 에너지만 사용하며 겨울 동안 생명을 유지하다 따뜻한 봄이 되면 이전 상태로 돌아오는 것처럼 말이야.

어떤 학자들은 바퀴벌레와 함께 전갈 역시 핵전쟁에도 멸종하지 않고 지구를 지킬 생명체가 될 거라는데, 정말 그럴 만도 하지?

만약 leave ( ) high and dry의 괄호 부분에 '전갈scorpions'를 넣어 **leave scorpions high and dry**라고 하면, '전갈을 돌보지 않고 방치하다'가 아니라 '전갈을 그냥 잘 살게 놔두다' 이렇게 해석해야 할지도 모르겠어.

16. wet blanket
흥을 깨는 사람, 분위기를 망치는 사람

wet 젖은   **blanket** 담요

불이 났다고 가정해 봐. 불이 활활 타오르는데 거길 통과해서 나가야만 해. 담요를 물에 적셔서 축축하게 만든 다음, 축축한 담요를 머리부터 둘러쓰고 막 뛰어가면 잠깐은 몸에 불이 붙지 않겠지?

그래서 **wet blanket**은 활활 타오르는 불길을 꺼지게 하는 사람을 의미해. 여기서 '불'은 실제 불이 아니라, '열렬한 분위기'나 '최고조에 이른 흥'을 뜻해. 이런 좋은 분위기를 일순간 망쳐 버리는 사람이 **wet blanket**이야. 엄청 재미난 파티를 재미없게 망치는 사람도 **wet blanket**인 거지. '파티 망치는 사람'을 'party pooper'라고도 하는데, 'party파티 + poop똥 싸다, 방귀 뀌다 + -er ~하는 사람', 즉 흥

겨운 파티 때 똥을 싸거나 방귀를 뀌어 파티를 망치고 분위기를 깨는 사람이지. 이 표현 더럽지만 참 재미있지?

　우리말에 '찬물을 끼얹다'가 **wet blanket**과 의미가 비슷해. 불이 난 곳에 찬물을 끼얹으면 불이 꺼지잖아. 엄청 재미있는 상황, 무언가가 너무 재미있어서 진지하게 집중하며 흥미를 느끼는 상황에서 분위기를 확 깨는 사람을 두고 "쟤가 찬물을 끼얹었다."라고 하지.

예를 들어 볼게

　76년에 한 번 볼 수 있는 혜성이 있어. 이 혜성의 궤도와 주기를 발견한 영국의 천문학자 E. 핼리의 이름을 따서 핼리 혜성이라고 해. 핼리 혜성이 태양을 돌다 지구와 가장 가까운 위치가 되는, 그래서 지구에서 이 혜성을 관측할 수 있는 주기가 약 76년이야.

　핼리 혜성이 지구에 가깝게 돌던 어느 해, 많은 사람들이 엄청 기대했어. 평생 한 번뿐인 기회니까. 시내의 한 광장에 아주 커다란 화면이 설치되었고, 핼리 혜성이 지구와 가장 근접할 때의 모습을 촬영해서 방영해 주기로 했어. 광장에 가 보니 축제 분위기였어. 핼리 혜성 모양의 모자를 쓴 사람, 야광 별을 촘촘하게 붙인 망토를 걸친 사람, 우주 어딘가에 있을지도 모르는 외계인에게 보내는 메시지를 든 사람 등 모두가 일평생 한 번뿐인 기회를 축제처럼 즐기고 있었어.

　혜성이 점점 더 지구에 가까워지면서 사람들의 흥분과 긴장도 점점 높아졌어. 핼리 혜성이 지구와 가장 가깝게 지날 때 모두 한목소리로 환호성을 외치기로 했어.

다들 숨죽이며 외칠 준비를 하고 있는 그때, 누가 이렇게 외쳤어.

"혜성이 지구에 다가오는 순간, 지구는 멸망합니다! 지금 집에 돌아가 가족과 함께 죽음을 맞이하세요. 혜성 꼬리에 독가스가 가득합니다. 조금 있으면 지구는 순식간에 가스실이 될 겁니다. 핼리 혜성은 재앙입니다!"

'갑분싸'란 바로 이런 것인가! 이 한 사람 때문에 기대감과 흥분으로 들떠 있던 축제 분위기가 갑자기 싸늘해졌어. 다들 혀를 차며 말했지.

What a wet blanket!
쟤 때문에 분위기 완전 망쳤네.

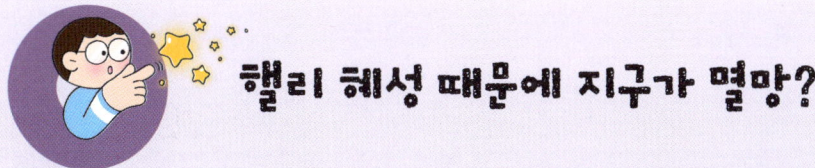
핼리 혜성 때문에 지구가 멸망?

가장 최근에 지구에서 핼리 혜성을 관측한 게 1986년이니까 2061년이 되어야 핼리 혜성을 또 볼 수 있어. 2061년에 핼리 혜성이 지구 가까이 올 때 이런 **wet blanket**이 없어야 할 텐데.

하지만 1910년에는 실제 이런 일이 있었어. 76년 만에 다시 지구를 찾게 될 핼리 혜성이 지구를 멸망시킬 거라는 소문이 파다했거든. 당시에는 이런 말을 하는 사람을 **wet blanket**이라 생각하지 않았어. 그도 그럴 것이, 과학자들이 혜성 꼬리 부분에 시안이라는 독성 물질이 있다는 걸 알아낸 거야. 꼬리가 짧으면 모르겠는데, 핼리 혜성의 꼬리 지름이 자그마치 1만 2,700킬로미터나 돼. 이 거대한 꼬리를 가진 핼리 혜성이 지구와 가장 근접할 때 꼬리의 독성 물질이 지구 공기에 퍼지지 말라는 법이 없다. 이렇게 된 거야. 당시에 독가스를 가득 품은 핼리 혜성 꼬리가 지구를 후려칠 날짜까지 구체적으로 나왔어.

바로 1910년 5월 19일.

난리도 아니었지. 핼리 혜성을 보는 날이 지구 멸망의 날이라고 온통 난장판이 된 거야. (당시 우리나라는 서서히 옥죄어 오던 일제의 국권 침탈로 너무 힘들고 치욕스런 나날이어서 핼리 혜성이니, 지구 멸망이니 이런 거에 신경 쓸 겨를이 없었어.) 언론에서는 혜성 꼬리에 있는 시안이라는 기체가 얼마나 위험한지 연일 보도했고, 어이없게도 별별 이상한 상품들이 나왔어. 항혜성 알약, 방독

마스크, 그리고 혜성이 머리 위로 지나칠 때 반드시 써야 한다고 광고한 혜성 우산도 있었지. 항혜성 알약을 사 먹고 혜성 우산을 써야 한다고 생각한 사람들이 의외로 많아서 이런 걸 만들어 판 사기꾼들은 돈을 꽤 벌었대. 어차피 5월 19일이면 지구가 멸망하니 죽기 전에 돈이나 펑펑 쓰자며 있는 돈을 다 써 버린 사람도 있었고, 심지어 극도의 공포로 공황 상태에 빠져 자살을 하는 사람도 있었어.

예상했겠지만, 핼리 혜성은 약속대로 76년 만에 다시 지구에 근접했고 지구를 지나쳐 갔어. 혜성의 거대한 꼬리도 함께 지구를 지나쳐 갔지만 아무 일도 일어나지 않았어. 사실 처음부터 과학자들은 꼬리에 독성 기체가 있긴 해도 많지 않아서 지구에 영향을 미치지 않는다고 말했어. 하지만 과학적 사실은 재미없고 음모론, 종말론은 재미있잖아. 이미 마음이 종말론에 기울어진 사람들은 과학자들이 안심시키려고 거짓말을 한다며 믿지 않았던 거야.

참 황당한 일도 다 있지. 항혜성 알약과 혜성 우산이라니!

17. take the cake

최악이다, (부정적인 면에서) 1등이다

take 가지다   **the cake** 케이크를

'cake' 대신 'biscuit'을 넣어 'take the biscuit'이라고 해도 같은 뜻이야. 단어만 보면 '케이크(비스킷)를 가져가다' 이런 뜻인데 실제 쓰이는 의미는 지금까지 있던 일 중 최악이라는 뜻이야.

케이크는 맛있고 특별한 날에 먹는 좋은 거잖아. 1등이 맛있는 케이크 또는 과자를 상으로 가져간다는 뜻으로 축하나 칭찬의 의미일 것 같지만 아니야. 안 좋은 쪽으로 1등인, 그러니까 최악의 경우를 비꼴 때 냉소적으로 쓰는 표현이야.

예를 들어 볼게

반장 선거에 나선 후보들의 연설이 있었어. 연설 내용은 다들 비슷했어. 우리 반이 좋은 반이 되도록 노력하겠다는 거지. 그런데 한 친구의 연설이 아주 남달랐어.

"나는 우리 반이 학교에서 제일 공부 잘하는 반, 학습 환경이 제일 좋은 반이 되게 만들고야 말겠어. 일단 수업 시작 10분 전에 영어 단어 시험을 봐서 많이 틀린 친구가 그날 청소 당번이 되게 하겠어. 그럼 청소 당번이 되지 않으려고 다들 영어 단어를 열심히 외울 테고, 우리 반은 전교에서 가장 영어 단어를 많이 아는 반이 될 거야. 그리고 쉬는 시간 10분을 7분으로 줄이고, 3분은 강제적으로 다음 수업을 준비하는 시간이 되게 하겠어. 소리치고 뛰며 놀다가 수업 종이 친 후에야 자리에 앉아 교과서를 꺼내면 수업 시작 후 몇 분은 온전한 공부 시간이 되지 못하니까. 수업 시간을 단 1초도 낭비하지 않고 공부에 매진한다면 우리 반은 전교에서 가장 공부를 잘하는 반이 될 거야. 마지막으로 우리 반은 체벌 가능반으로 특별 지정해서 성적이 안 좋거나, 수업 시간에 다른 친구의 학습을 방해한 학생에게 가혹한 매질을 허락하여 전교에서 학습 분위기가 가장 좋은 반이 되게 하겠어."

연설이 끝난 후 선생님을 포함하여 모든 아이들이 입을 모아 하는 말.

He takes the cake.
쟤가 (최악의) 연설 1등이네.

끔찍한 장례식으로 1등

최악의 장례식 이야기를 해 줄게. 영국의 왕 헨리 8세가 세상을 떠난 후 장례를 치렀는데, 장례 중에 관이 폭발했어. 누가 관에 폭발물을 설치한 게 아닌데도 말이야. 이 정도면 "This funeral **takes the cake**(최악의 장례식이야)!"라고 말하지 않을 수 없겠지?

헨리 8세는 비만한 왕으로 유명해. 왕들은 원래 잘 먹어서 살이 찐 경우가 많다고 해도, 그중에서도 남달리 비만했어. 초상화만 봐도 알 수 있지. 남들은 한 번도 하기 어렵다는 결혼을 여섯 번이나 한 걸로도 유명해. 여섯 번의 결혼이라는 건 이혼을 다섯 번 했다는 뜻이지. 또 헨리 8세는 종교를 만든 걸로도 유명해. 이유는 이혼하기 위해서야. 당시 영국은 이혼을 인정하지 않는 가톨릭 국가였거든. 그래서 헨리 8세는 로마 가톨릭과 인연을 끊고 영국만의 교회인 국교회를 만들어 가톨릭 눈치를 보지 않고 마음껏 이혼과 결혼을 계속했어.

헨리 8세가 원래 뚱뚱했던 건 아니고 20대 때는 나름 근육질의 멋진 체격이었어. 그러다 기름지고 칼로리 높은 음식이 맛있다는 사실을 깨달은 후 야금야금 살이 찌더니 어느새 140킬로그램을 훌쩍 넘겼고, 최고 몸무게는 180킬로그램까지 나갔어. 살이 찌면서 움직이는 게 어려워졌어. 매일 엄청난 양의 고기와 햄을 먹다 보니 혈액 순환도 안 좋아졌고, 특히 다리 쪽 혈액 순환이 안 좋았어.

어느 날 말을 타는데 그의 체중을 견디지 못한 말이 쓰러지며 헨리 8세도 말에서 떨어졌어. 체중이 100킬로그램이 넘으니 말이 쓰러질 만도 하지. 그런데 말에서 떨어질 때 그의 다리가 말에 깔리며 허벅다리에 부상을 입었어. 상처에서 고름이 나왔고, 아무리 치료해도 좋아지지 않아서 다리가 썩는 것인가 걱정할 정도였대. 상처 부위에서도 고름이 났지만 몸에 생긴 종기에서도 고름이 났고, 바람만 불어도 아프다는 통풍 증상도 심했다고 해. 40대 중반부터 비만으로 이런저런 병을 앓던 헨리 8세는 55세에 결국 세상을 떠났어.

그가 사망했을 때 악취가 대단했대. 아마 살았을 때 지독하게 앓았던 궤양과 고름 때문일 거야. 악취가 너무 심해서 그의 관 입구는 납으로 단단히 막았어. 왕의 장례를 치러야 하는데 끔찍한 냄새가 나면 곤란하니까. 이렇게 특별 제작된 관에 시신을 눕힌 후 한 수도원에서 장례를 치렀어. 장례식 당일은 무사했는데, 하룻밤이 지나자 밀폐된 관 속에서 시신이 폭발했으니까 '무사히 장례가 끝났다'고 할 수는 없지.

사망 당시 고름이 심한 상태여서 사망 후 부패가 빨리 진행되었고, 이때 생긴 기체가 시신을 부풀게 만든 거야. 관 입구가 납으로 밀폐되어 갈 곳 없어진 기체가 관을 꽉 채우다 결국 폭발로 이어지지 않았나 추측하고 있어. 풍선에 숨을 불어넣으면 점점 부풀다가 결국 터지는 것처럼 말이야.

보통은 장례식이 며칠 계속되는데, 아직 장례식이 다 안 끝난 상태에서 관 안의 시신이 폭발하고 관이 부서지다니……. 만약 끔찍한 장례식 대회가 열린다면 1등 케이크는 헨리 8세의 장례식이 따 놓은 당상일걸?

18. louse up
망쳐 놓다, 못 쓰게 만들다

louse 머릿니   **up** 위, 완전히, 다 끝난

'louse'는 머릿니야. 한 마리면 'louse', 여러 마리면 'lice'야. 머릿니 좋아하는 사람 있니? 당연히 없겠지. 'louse'가 들어간 표현은 의미가 안 좋을 수밖에 없어.

머리에 이가 생겨 봐. 모든 게 엉망진창이 돼. 자신이 가려움으로 고통당하는 건 말할 필요도 없고, 남에게 이를 옮기면 엄청난 민폐를 끼치지. 그래서 머릿니가 생기면 당연히 학교에 못 가. 학교 안 간다고 좋아할 거 없어. 학교만 못 가는 게 아니라 학원, 놀이터, 친구 집, 피시방 어디든 다 못 가니까. 나 때문에 온 집안 식구들에게 머릿니가 옮을 수 있고, 이불이며 베개, 인형, 옷 죄다 빨아서 햇볕에 말려야 하고, 그 피해가 말도 못 해. **louse up**이 왜 '망쳐 놓다'는 뜻인지 알겠지?

예를 들어 볼게

방학 시작과 함께 1박 2일 물놀이를 가기로 했어. 우리 가족은 워터파크에 갔지. 나는 물 미끄럼틀을 5만 번 타기로 계획을 세웠어.

워터파크에 도착하니 광고에서 봤던 그대로야. 배가 고파서 더 이상 움직일 수 없을 때까지 신나게 놀았어. 숙소에 오자 곧장 뻗었어. 오늘은 반나절만 놀았지만 내일부터는 문 여는 시간부터 문 닫는 시간까지 놀자고 다짐하며 잠들었어.

다음 날 아침 일어났는데 눈이 안 떠져. 누가 내 눈에 풀이라도 붙인 거 같아. 손가락으로 눈꺼풀을 강제로 들어 올려 겨우 눈을 떴어. 엄마와 아빠, 누나를 보는데 나처럼 눈을 만지고 있어. 넷이 함께 거울 앞에 섰더니, 뭔 일이야. 넷 다 눈이 새빨개. 눈 주위에 눈곱이 덕지덕지 끼었어. 눈에서 눈물인지 진물인지 뭐가 나오는 느낌이야.

그때 숙소 복도에서 방송이 나왔어.

"고객 여러분, 시설 이용객 중 아폴로눈병 환자가 속출하고 있어 물놀이 시설을 일시 폐쇄합니다. 소독과 감염병 예방을 위해 지금부터 물놀이 시설 출입을 자제해 주십시오."

아니, 이게 웬 날벼락이야!

Apollo eye infection loused up my vacation!
아폴로눈병이 내 방학을 망쳐 놓았어!

클레오파트라의 비밀

머릿니 얘기가 나와서 말인데, 요즘은 머릿니 샴푸도 있고, 머릿니 퇴치 약도 있어서 머릿니가 이전보다 훨씬 줄었지만, 그래도 완전히 없어진 건 아니야. 의학과 과학이 이렇게 발달한 지금도 완벽한 퇴치가 안 되고 있는데, 샴푸도 약도 없던 옛날에는 얼마나 많았겠어?

머릿니의 괴로움에 대해 이야기하자면 피라미드, 미라로 유명한 고대 이집트를 빼놓을 수 없어. 고대 이집트의 문명이 얼마나 대단했는지, 지금도 이집트를 깊이 연구하는 학자들이 있을 정도로 과학, 의학이 매우 발전했을 뿐 아니라, 예술과 문화도 상당한 수준을 자랑했지. 그런데 그런 이집트조차 잘 보이지도 않는 작은 머릿니 앞에서는 쩔쩔맬 수밖에 없었다는 거 아니?

고대 이집트인들은 남자, 여자 할 것 없이 머리를 빡빡 밀었어. 대머리 스타일이 유행해서가 아니야. 특히 여자들은 말갛게 밀어 낸 머리를 가리려고 외출할 때 가발을 썼으니까, 대머리 스타일이 좋아서 머리를 민 건 아니지. 이유는 머릿니 때문이었어. 머릿니가 살 곳이 없도록 머리카락을 아예 밀어 버린 거야. 머리카락 관리를 할 여유도 없고 목욕도 잘 못 하는 평민이나 노예들만 그랬을까? 아니야. 부자, 귀족은 말할 것도 없고 심지어 목욕시켜 주고 머리 감겨 주는 하인들이 즐비한 왕과 왕비도 머릿니에 시달렸어. 시달림의 정도가 오죽 심했으면 빡빡 밀었겠어.

머리만 민 게 아니야. 머릿니는 머리카락 비슷한 게 있으면 어디에나 창궐할 수 있거든. 이를테면 눈썹, 수염, 다리털, 가슴털 등등. 그래서 머리카락과 함께 온몸의 털을 다 미는 일도 흔했어. 특히 종교 의식을 담당하는 제사장과 사제의 경우는 반드시 온몸의 털을 밀었어. 몸에 이가 있는 사람이 신에게 바치는 거룩한 종교 의식을 거행할 수는 없으니까.

고대 이집트인을 묘사한 그림이나 영화를 보면 여자들이 숱이 많은 새까만 단발머리인 경우가 많잖아. 다 가발이야. 이집트는 더운 곳이니까 민머리가 시원했겠지. 하지만 머리를 민 결정적인 원인은 더위보다는 머릿니 때문이었어.

이집트 왕의 묘가 호화롭다는 건 다들 알지? 왕이 쓰던 값비싼 물건들을 무덤에 함께 넣기 때문에 말이 무덤이지, 관만 없으면 보물 창고야. 이렇게 휘황찬란한 왕의 무덤에서도 머릿니의 흔적을 발견할 수 있어. 그만큼 당시 머릿니가 엄청났던 거야.

미인의 대명사 클레오파트라도 예외는 아니야. 아름다운 여왕의 머리카락에 머릿니 따위가 우글거리는 끔찍하고 더러운 사태를 미리 방지하기 위해 클레오파트라 역시 머리를 빡빡 밀었대. 클레오파트라 하면 생각나는 '일자 앞머리'와 '똑단발' 스타일 역시 가발이었던 거지.

19. more than meets the eye
보이는 게 다가 아닌

more than ~이상의

meet 만나다   **the eye** 눈

눈으로는 겉만 볼 수 있고 속은 전혀 볼 수 없어. 이 표현은 시선이 닿는 곳, 즉 표면적으로 보이는 게 전부가 아니고, 우리가 보는 사물과 현상에는 그 이상의 무언가가 있다는 의미야.

예를 들어 볼게

주변에서 이 표현에 맞는 경우를 찾는 건 어렵지 않아.

멍텅구리같이 생기고 멍텅구리같이 행동해서, 내가 공부를 안 해도 꼴등은 쟤가

해 주겠다는 확신이 드는 애랑 같은 반이 되었어. 그래서 나는 걔만 믿고 시험 기간에 마음 놓고 탱자탱자 놀았는데 걔가 1등을 하고 내가 꼴등을 한 경우, 이 표현을 쓸 수 있어.

또 키가 작고 비리비리해 보이는 게 바람이 불면 날아갈 것 같은 애가 전학을 왔어. 한 못된 녀석이 전학생을 겁주려고 학교 옥상으로 불러냈는데, 알고 보니 전학생은 온몸이 지방 없이 오로지 딴딴한 근육으로만 된 유도 올림픽 꿈나무여서 도리어 겁을 준 녀석이 얻어터지고 엎어 치기를 당해 무릎 꿇고 울면서 잘못했다고 빈 경우, 이 표현을 쓸 수 있어.

There is more than meets the eye.
보이는 게 다가 아니네.

누가 헨리 1세를 죽였나

이 표현에 딱 들어맞는 한 사건에 대해 들려줄게. 영국의 왕 헨리 1세 사망 사건이야. 이 사건은 눈에 보이는 게 다가 아니라는 걸 명확하게 보여 주지.

헨리 1세 사망 사건의 용의자는 매끈한 몸매에 걸맞게 날렵하고 민첩해. 이 녀석은 아주 잡기 힘들기로 유명해. 그럴 수밖에 없는 것이 몸에서 미끈미끈한 점액질이 나오거든. 점액질 피부보다 더 기겁할 점은 녀석이 상대의 몸에 철썩 눌러 붙어서 피와 수액을 쪽쪽 빨아 먹고 산다는 거야. 생긴 것도 엄청 흉악해. 특히 입인지 빨판인지, 정체불명의 주둥이가 압권이야. 턱이 없고 이빨만 많은 저 살 떨리는 입으로 상대의 피를 빨아 먹어. 이 정도면 흡혈 괴물이라 불릴 만하지? 이렇게 끔찍한 녀석에게 당하다니, 헨리 1세에게 어쩌다 이런 일이…….

헨리 1세 사망 사건의 용의자는 바로 칠성장어야. 칠성장어는 몸 옆에 일곱 개의 아가미구멍이 나 있어. 그래서 우리말로는 일곱 개(七, 칠)의 별(星, 성)을 가진 긴(長, 장) 물고기(魚, 어)라는 의미로 칠성장어라 불려. 영어로는 'lamprey'라고 해.

칠성장어의 입은, 좋게 표현하면 참 특이하고, 나쁘게 표현하면 참 흉악해. 턱이 없고 이빨은 많은데, 먹이를 이빨로 씹어 먹지 않아. 입은 빨판 역할을 해서, 먹잇감의 몸에 쫙 달라붙어서 피와 수액을 빨아 먹어. 칠성장어는 생존을 위해 원래 이런 식으로 먹고 살았던 물고기니까 괴물이라고 할 수는 없어. 사람은 오래전부터 칠성장어를 잡아먹어 왔으니까, 따지자면 괴물 같은 입을 가진 칠성장어를 잡아먹는 사람이 더 심한 괴물이 아닐까?

그럼 칠성장어는 어떻게 헨리 1세를 죽음으로 몰아갔을까? 헨리 1세는 칠성장어 요리를 굉장히 좋아했어. 중세 유럽에서 칠성장어는 먹을 수 있는 음식이었지만, 비호감 외모 탓에 인기 있는 음식은 아니었어. 하지만 칠성장어 요리라면 사족을 못 쓰는 애호가들이 소수 있었고, 헨리 1세도 그중 하나였지.

그는 눈에 보이는 대로, 닥치는 대로, 질리지도 않고 먹었어. 아무리 좋은 음식이라도 너무 많이 먹으면 안 좋은 음식이 돼. 너무 많이 너무 자주 먹으니까 의사도, 신하들도 적게 드셔라, 그만 드셔라, 말려 보았지만 헨리 1세는 듣지 않았어. 그러니까 칠성장어가 깨물거나 피를 빨아 먹어서 왕이 사망한 게 아니라, 왕이 칠성장어를 너무 많이 먹어서 일종의 식중독으로 사망한 거야.

이 사건에서 누가 누구를 죽였는지 굳이 순서를 따지자면, 헨리 1세가 먼저 칠성장어를 죽인 거지. 잡아먹으려고 말이야. 다들 칠성장어가 헨리 1세를 사망에 이르게 했다고 하지만, 진정한 피해자는 오랜 기간에 걸쳐 거의 대학살을 당한 불쌍한 칠성장어이고 가해자는 헨리 1세인 셈이야.

그것 봐! 헨리 1세 사망 사건은 보이는 게 다가 아니라니까.

20. king of the hill

일인자, 최고, 우두머리

king 왕
of the hill 언덕의

king of the hill은 모래나 흙으로 언덕을 쌓고 맨 먼저 그 위에 올라가는 사람이 이기는 놀이야. 놀이 이름으로도 쓰이고, '일인자, 우두머리'라는 의미로 쓰이기도 하지.

예를 들어 볼게

우리 반 한 녀석이 자기가 영어를 잘한다고 그렇게 잘난 척을 해. 내가 한마디 해 주고 싶어도 해 주기 힘든 게, 녀석이 영어를 잘하긴 하거든. 영어 시험 본 날

　이면 어김없이 내 자리로 찾아와 자기 시험지를 들이밀며 물어보지도 않은 자기 점수를 교실이 쩌렁쩌렁 울리도록 말해. 그러고는 내 점수를 물어보는데 얼마나 짜증 나는지 몰라. 툭하면 자신이 우리 반에서 영어 하나는 **king of the hill**이다, 너무 쉬워서 5분 만에 다 풀고 잤다, 눈 감고도 풀 수 있다, 이러거든.

　그러던 어느 날 학교에서 영어 경시대회가 열렸어. 원하는 사람만 신청을 해서 나가는 건데 녀석은 당연히 신청했지. 신청하고 와서 또 얼마나 잘난 척을 하던지, 자신이 우리 반에서 **king of the hill**인데 학교 전체로는 어느 정도인지 알아봐야겠다, 대상이나 금상을 타면 부모님이 뭘 사 주기로 했다, 막 떠들더라고.

　결과는 고소하게도 '폭망'이었어. 녀석은 대상은 고사하고 아무 상도 타지 못했어. 요즘은 참가상도 안 주는 모양이야. 나는 녀석의 자리로 찾아가 교실이 쩌렁쩌렁 울리도록 큰 소리로 이렇게 말해 주었어.

So you are the king of the hill only in this classroom.
그러니까 너는 우리 반에서만 최고인 거네.

 # 세상에서 제일 위험한 노트

위험한 물건 중 **king of the hill**을 소개해 줄게.

오래된 노트인데 안에도 뭔가가 써져 있어. 그냥 낡은 노트 같지만 이건 세상에서 제일 위험한 노트야. 어쩌면 폭탄이나 무기가 아닌 일반 물건 중에서 가장 위험한 물건일 수도 있어.

이 노트는 프랑스 파리의 중앙 국립 도서관에 보관되어 있는데, 관람하기 전에 권리 포기 각서에 서명해야만 볼 수 있어. 권리 포기 각서에 서명한다는 게 무슨 의미냐 하면, 이 책을 관람하다 병에 걸려 죽을 수도 있다

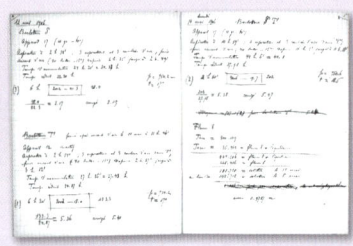

마리 퀴리의 노트

는 사실을 알지만 그래도 구경하고 싶기 때문에 만에 하나 나중에 병에 걸리더라도 이 위험한 책을 전시한 박물관에 병원비를 물어내라고 요구할 권리를 미리 포기한다는 뜻이야. 별 희한한 각서도 다 있지.

이 정도로 위험한 노트라면 왜 전시하는 걸까?

하늘의 별 따기보다 어렵다는 노벨상을, 남들은 하나 따는 것도 힘들다는데 한 번도 아니고 두 번이나, 심지어 같은 분야도 아니고 한 번은 물리학 또 한 번은 화학에서 한 번씩 수상한 위대한 과학자가 연구하고 실험할 때 직접 쓰고 정리한 노트거든.

보통 노트가 아니지. 권리 포기 각서에 서명하고서라도 보겠다는 관람객이 있을 만도 하잖아. 각서에 서명해도 그냥 구경할 수는 없어. 이 노트의 위험에 직접 노출되지 않도록 보호복을 입어야 관람할 수 있지. 이 노트 역시 특수 제작된 투명한 통 안에 전시되어 있어. 위험한 물질이 밖으로 새어 나오지 못하도록 모든 틈새를 납으로 꼼꼼하게 막은 거야.

어쩌다 이렇게 위험한 노트가 된 걸까?

이 노트의 주인은 마리 퀴리야. '퀴리 부인'이라는 호칭으로 유명하지. 앞서 말한 것처럼 마리 퀴리는 1903년에 노벨 물리학상을, 1911년에 노벨 화학상을 수상했어. 최초의 여성 노벨상 수상자이기도 해.

마리 퀴리는 폴란드에서 태어났는데, 당시 폴란드에서는 여자가 대학에 갈 수 없어서 프랑스로 유학을 갔어. 파리 소르본 대학에 입학해 우수한 성적으로 졸업한 공부의 달인이야. 남편 피에르 퀴리와 함께 방사능 연구를 했고, 전에는 존재 자체도 알려지지 않았던 방사성 원소인 폴로늄과 라듐을 처음 발견했어. 이 업적으로 마리 퀴리는 남편과 함께 노벨 물리학상을 받았고, 남편이 사망한 후 혼자서도 연구를 계속한 끝에 1911년에 노벨 화학상을 받았어. 퀴리 가족은 '노벨상 수상의 달인' 집안이야. 마리 퀴리의 딸 부부도 노벨상을 받아서 가족이 총 여섯 번의 노벨상을 쓸어 갔거든.

마리 퀴리의 노트가 각서에 서명하고 보호복을 입어야 관람할 수 있을 정도로 위험한 물건이 된 원인이 여기에 있어. 마리 퀴리가 연구한, 너무 열심히 연구한 나머지 아침저녁으로 자세히 보고, 만지고, 실험 가운 주머니에 넣고 다니고, 집에도 가져와 침실에 걸어 놓았던 라듐은 방사능이 굉장히 강한 물질이야. 우라늄이 방사능 때문에 인체에 해롭다고 하는데, 라듐은 우라늄보다 방사능이 훨씬 강해.

일본의 원자력 발전소에서 나온 방사능 폐수를 바다에 흘려보내면 우리나라 바다까지 위험해진다는 얘기 들어 봤지? 방사능에 노출되면 암에 걸릴 확률이 높기 때문에 방사능 물질을 다루는 사람들은 안전 수칙을 철저하게 지켜야 해.

그런데 마리 퀴리가 라듐을 발견할 당시에는 방사능이 위험하다는 걸 몰랐어. 그건 라듐 사용에 따른 부작용이 보고되면서 나중에 밝혀진 거야. 마리 퀴리는 오랜 기간 방사능에 노출되었던 탓에 결국 혈액암인 백혈병으로 세상을 떠났어.

방사능에 노출된(방사능에 피폭되었다고 표현해) 것은 사람이든 물건이든 방사능이 남아 있어서 위험해. 방사능에 노출되었던 탓에 결국 암 같은 병에 걸리기도 하지만, 즉각적으로 설사, 탈모 등이 나타나다가 사망하기도 해.

마리 퀴리의 관은 납으로 제작되었어. 마리 퀴리가 사망할 당시에는 방사능의 위험성이 밝혀졌거든. 방사능 물질로 뒤덮인 마리 퀴리의 시신을 2.5센티미터 두께의 납 관 안에 안치하고 이를 다시 나무 관에 넣었어. 그러니 마리 퀴리가 생전에 사용한 노트, 가구 등은 위대한 과학자의 유품이지만 그냥 막 전시할 수가 없어. 100년 이상 지난 지금까지도 이 물건들에서 방사능이 탐지되거든. 만지지 않고 옆에서 구경만 해도 방사능에 피폭된다는 뜻이야. 그래서 납으로 틈을 완전히 막은 통 안에 넣은 것도 모자라 권리 포기 각서에 서명하고 보호복까지 입어야만 구경할 수 있어.

왜 노트가 위험한 물건 중 **king of the hill**이 되었는지 알겠지?

한편, 마리 퀴리의 남편 피에르 퀴리 역시 방사능의 위험성이 밝혀지지 않은 상태에서 라듐, 폴로늄을 함께 연구했으니, 엄청난 방사능에 노출되었을 거야. 하지만 그는 백혈병이 아닌 마차에 치어 사망했어.

21. beginner's luck

처음 하는 사람이 뜻밖에 맞은 성공 혹은 행운

beginner's (무언가를) 시작하는 사람의
luck 행운

원래 무엇이든 처음 하면 잘 못하지. 여러 번 시도하고, 실패도 하고, 반복 연습하면서 잘하게 되는 게 일반적이야. 그래서 첫 시도인데도 불구하고 엄청 잘하면 실력이 아닌 운이 좋았다는 뜻으로 **beginner's luck**이라고 해. 초보자들은 보통 처음에는 승부를 떠나 흥미를 갖고 도전하기 때문에 좋은 결과를 얻게 되는 경우가 종종 있지. 긴장하고 덤비면 될 일도 잘 안 되잖아. 가끔 초보자의 마음가짐도 필요한 것 같아.

예를 들어 볼게

농구를 못하는 친구를 내가 가르쳐 주기로 했어. 나는 농구를 꽤 하거든. 농구 교실을 다닌 적도 있고(여름 방학 한 달만 다녔지만), 그 친구보다 내가 키도 더 크고(차이가 1센티미터이긴 하지만), 우리 집 바로 옆 놀이터에 어린이 농구대도 있지(한 번도 이용한 적은 없지만).

그 친구가 놀이터로 농구공을 가져오기로 했는데, 그게 처음으로 농구공을 만져 본 거라더군. 나는 거만하게 훗 소리 내어 웃어 준 다음, 농구공을 어떻게 잡는지부터 가르쳐 주었어.

열심히 배우던 친구가 나더러 공을 한번 넣어 봐 달라고 했어. 나는 또 한 번 거만하게 훗 웃어 준 다음 공을 던졌지. 이런, 안 들어가더라고. 다시 슛을 날려 보았지만, 안 들어갔어.

"공이 왜 이래? 공이 이상한 거 같은데?"

내가 이러니까, 친구가 자기가 한번 넣어 보겠다는 거야.

"농구를 꽤 하는 나도 못 넣었는데, 오늘 농구공을 처음 만져 본 네가?"

나는 아까보다 더 거만하게 훗 웃어 주며 공을 건넸어.

아니, 그런데 녀석이 던진 공이 바스켓 안에 쏙 들어가네! 녀석이 놀라서 계속 던졌는데 다섯 번 중에 세 번이나 들어간 거야.

입에 쓴침이 돌았지만, 나는 아무렇지도 않은 듯 다시 한번 요란하게 훗 웃으며 이렇게 말해 주었어.

Just beginner's luck.
운 덕분이지.

"처음에는 다 그래. 나도 처음에는 공이 쏙쏙 잘만 들어갔어. 이제 본격적으로 농구 연습을 해서 나처럼 실력이 좋아지면 공이 잘 안 들어갈걸?"

운이 없어 목숨을 건진 사람

beginner's luck이라는 표현과 완전히 정반대의 경우지만, 이보다 더 운이 좋을 수 없는 이상한 사건이 있어. 엘비타 아담스라는 미국인 여성은 무언가를 처음 시도했는데, beginner's luck이 눈곱만큼도 없었어. 목표 근처에도 못 가고 완전히 실패했거든. 그런데도 다들 엘비타 아담스가 엄청난 행운녀라고 난리였어. 운이 없었는데 행운녀라니?

1979년 12월 2일, 직장에서 해고된 후 집세를 낼 수 없어서 열 살 아들과 집에서 쫓겨날 위기에 처한 엘비타 아담스는 미국 맨해튼의 엠파이어 스테이트 전망대에 올랐어. 1931년에 완공된 엠파이어 스테이트 빌딩은 102층이나 되는 초고층 빌딩이야. 전망대 하나는 86층에 있는데, 102층 꼭대기는 아니지만 땅바닥이 보이지도 않는 약 381미터의 어마어마한 높이지. 원래 전망대는 도시를 구경하기 위한 장소인데, 엘비타 아담스는 구경하기 위해 올라간 게 아니었어. 절망에 빠진 엘비타는 관광객이 떨어지지 않도록 설치된 안전 울타리를 기어올라서 건물 밖 허공으로 뛰어내렸어.

엠파이어 스테이트 빌딩은 뉴욕을 찾은 관광객이라면 꼭 찾는 명소야. 그런데 엘비타처럼 하지 말아야 할 시도를 하려는 사람들이 찾기도 해. 수십 건의 자살 시도가 있었고, 안타깝게도 대부분 성공했어. 첫 번째 사망은 건물이 102층까지 다 지어지기도 전에 일어났어. 일자리를 잃고 비관한 한 남자가 58층에서 뛰어내렸지. (현재 엠파이어 스테이트 전망대에는 절대 기어 올라갈 수도, 뛰어내릴 수도 없는 높은 안전 장벽이 설치되어 있어.)

그런데 이 빌딩의 자살 사건에 엘비타 아담스의 이름은 찾을 수 없어. 뛰어내려서 사망을 해야 자살 사건인데, 엘비타는 죽지 않았거든. 86층에서 뛰어내렸는데도 말이야. beginner's luck이 전혀 없었던 게 천만다행이었지.

도대체 어떻게 된 걸까? 뛰어내린 순간, 때마침 강한 돌풍이 불어 엘비타의 몸을 다시 빌딩 쪽으로 밀었고, 한 층 아래인 85층 창문 선반에 떨어지는 믿을 수 없는 일이 벌어진 거야.

85층에 있던 사람들은 창밖 선반에 느닷없이 웬 여자가 떨어져 깜짝 놀랐어. 얼른 창문을 열고 여자를 안으로 끌어온 뒤 병원으로 보냈어. 엉덩이 부근 뼈가 부러진 거 외에는 멀쩡했지. 나중에 퇴원한 후, 엘비타는 바람이 자신을 아래층으로 밀어 준 것인지, 아니면 바람 때문에 전망대에서 떨어진 것인지 확실하지 않다고 했대. 하지만 당시 사건을 담당한 경찰관은 강풍에 의한 사고가 아닌 자살 시도가 맞다고 했어. 안전 울타리를 일부러 넘어가지 않으면 밖으로 떨어질 수가 없거든.

세상에 운 좋은 사람들 얘기가 많은데, 엘비타처럼 운이 좋을 수 있을까?

(비록 엘비타 입장에서 **beginner's luck**이라 할 수는 없지만) 엘비타가 뛰어내린 바로 그 순간, 바로 그 지점에, 빌딩 반대쪽이 아닌 빌딩 방향으로 바람이 불다니! 또 벽에 부딪칠 가능성이 더 높은데도, 벽에 부딪치지 않고 아래층 좁은 창문 선반에 몸이 내려앉을 가능성이 얼마나 되겠어? 조금만 잘못 내려앉거나 자기도 모르게 몸을 잘못 움직여도 다시 떨어지고도 남을 그런 상황이었어. 한두 가지가 아닌 몇 가지의 행운이 겹치고 겹치지 않고서야 도저히 있을 수 없는 일이지. 아마도 엘비타는 전생에 나라를 구했나 봐!

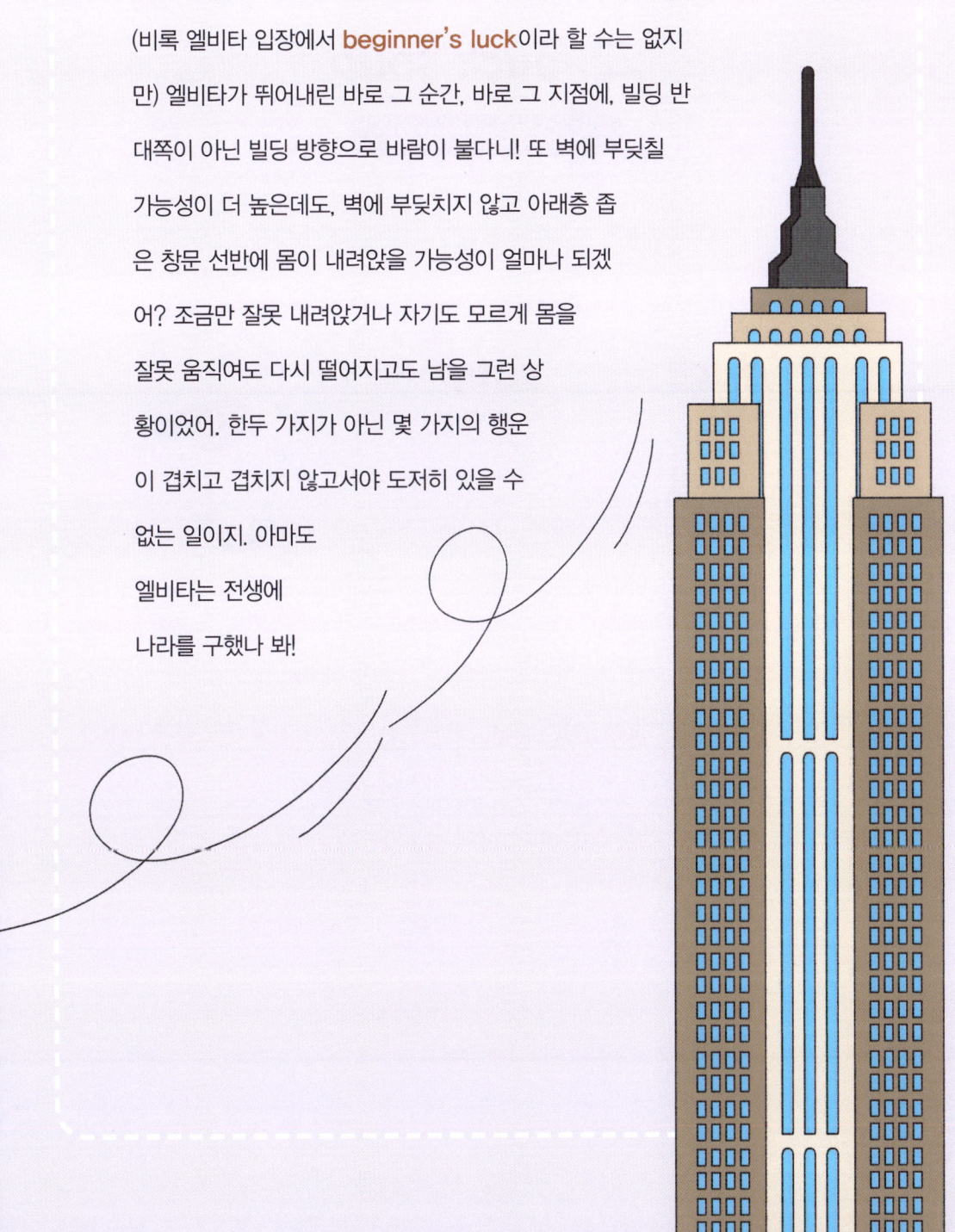

22. duck soup

쉬운 일, 만만한 일

duck 오리   soup 수프

오리 수프가 어쩌다 '쉬운 일, 만만한 일'이라는 뜻이 되었는지는 확실하지 않아. 오리라는 동물이 다리가 짧고 뒤뚱거리며 걷다 보니 사냥하기 쉬워서 언제든 쉽게 사냥해서 수프로 끓여 먹을 수 있다는 생각에서 나온 표현 같아.

'앉아 있는 오리'라는 뜻인 'sitting duck'도 공격하기 쉬운 상대, 한마디로 '봉'이라는 뜻이야.

 **예를 들어 볼게**

엄청 어려운 수학 문제가 있어. 문제를 다섯 번이나 읽었는데도, 도대체 무슨 말인지 모르겠어. 짝한테 물어봐야 할 것 같아. 내 짝은 잘난 척 대왕이라서 뭘 물어보고 싶지 않은데, 문제의 뜻 자체를 아예 모르니 어쩔 수 없잖아. 예상대로 짝이 한심한 표정으로 나를 쳐다봤어.

"수학 문제는 말이야, 어렵고 복잡해 보이지만 공식만 외우면 아주 쉬워. 공식에 숫자만 집어넣으면 되니까. 공식 좀 외워. 왜 공식은 안 외우고 남한테 물어보고 그래? 공식만 외우면 그야말로 It's **duck soup**. 이런 건 식은 죽 먹기라고!"

나는 잔소리를 듣고 싶은 게 아니라 문제를 풀고 싶은 건데, 애가 자꾸 말만 많이 하고 풀이를 안 해 주길래 그렇게 쉬우면 여기에 풀이를 적어 달라고 했지. 그랬더니 이 허풍쟁이가 이러더라고.

"공식만 외우면 완전 **duck soup**인데, 나도 아직 공식을 못 외워서……. 외우면 풀어 줄게."

It's duck soup.
이런 건 식은 죽 먹기라고.

 ## 누구나 읽을 수 있는 쉬운 책

책 읽기 쉽니? 사람에 따라 누구는 책 읽는 게 쉽고 누구는 책 읽는 게 어려워. 글자 판독에 어려움을 겪는 난독증을 앓는 경우 아무리 재미있고 쉬운 책이라도 읽기 어렵지. 이해력이 아닌 판독 능력의 문제니까. 이들에게 글자를 읽는 건 절대 **duck soup**이라고 할 수 없어.

그런데 책이라면 학을 떼는 사람, 책에 알레르기가 있는 사람, 책 읽기라는 말만 들어도 울렁증이 생기는 사람, 심지어 난독증을 가진 사람도 엄청 쉽게 읽을 수 있는 책이 있어. 이 책을 읽는 건, 모든 사람에게, 단 한 명도 예외 없이 **duck soup**이야. 식은 죽 먹기, 그 이상이지.

책 제목은 《What Men Know About Women 남자가 여자에 대해 아는 것》, 작가는 마술사로 활동하는 리치 퍼거슨이고, 책값은 13.46달러(우리 돈으로 약 1만 8천 원), 2011년에 출간되었고 분량은 130쪽이야. 130쪽이면 적지 않은 분량인데, 어떻게 난독증을 앓고 있어도 이 책만큼은 읽는 게 **duck soup**이라는 것일까?

일단 책 표지를 보면 머리카락이 긴 날씬한 여자가 모델 같은 자세로 서 있는 실루엣이 크게 나오고, 제목이 있고, 여자 뒤로 작은 남자 실루엣이 나와. 표지 왼쪽 상단에, "책을 펼치자마자 본론이 나오는데, 본론의 내용은 거부할 수 없는 진실이다." 이런 문구가 있어.

뒤표지도 살펴보면, "한 권의 책 안에 가장 절제되면서도 명확한 내용을 싣고 있다", "내 여자 친구는 이 책의 내용이 나를 정확하게 묘사한다고 말했다", "무언가 더 원하게 만드는 책", "우아, 이 책은 나를 내 남편만큼이나 멍한 상태로 만들었어요" 등과 같은 추천 문구가 실려 있어.

갈수록 내용이 궁금해지는 책이지? 첫 장을 펼쳐 보면, 다른 일반 책들처럼 책 소개가 나와. 제일 먼저 눈에 띄는 건 첫 문장에 나온 "This is a BLANK GAG BOOK."이야. 개그맨, 개그우먼 들어봤지? 재미있는 말이나 행동으로 우리를 웃게 만드는 사람이잖아. 'gag개그'라는 단어에서 나온 말인데, 'gag'는 '말을 못하게 입에 물리는 재갈'과 '익살, 농담'이라는 뜻을 가지고 있어. 개그맨의 개그는 당연히 두 번째 뜻이지. 'gag book'의 'gag' 역시 두 번째 뜻으로, 장난, 농담을 위해 만든 책이라는 거야. 'blank'는 '빈칸, 여백'이니까 "This is a BLANK GAG BOOK."은 "이 책은 빈칸으로 된 장난을 위한 책입니다." 이런 뜻이 되지.

첫 문장에 이어서 "이 책은 남자가 여자에 대해 아는 게 전혀 없다는 의미를 담은 책이다. 이 책에 대한 광고나 소개하는 글은 실제 사실이 아니라 오직 농담과 장난이 목적이다. 이 책이 어떤 식으로 사용되든 저자는 이에 대한 책임을 지지 않는다. 이 책을 선물로 줄 경우 거부당하거나, 모욕을 당하거나, 창피를 당하거나, 심지어 위험에 처하거나 부상을 당할 위험이 있다." 이렇게 나와. 갈수록 무슨 책인지 더 궁금해지지 않니?

잠깐! 'blank gag book'이라면, 설마……. 설마가 사람 잡는다더니, 실제로 이 책은 처음부터 끝까지, 130쪽 전체가 다 '빈칸blank'로 되어 있어. 공책처럼 줄이 쳐져 있지만 내용이라고 할 만한 글자가 하나도 없어. (이것은 책인가, 공책인가!) 글자 하나 없는데 왜 제목은 《남자가 여자에 대해 아는 것》으로 멋지게 만든 걸까? 남자는 여자에 대해 아는 게 하나도 없다는 걸 강조하기 위해 역설적이고 비꼬는 방식으로 제목을 일부러 이렇게 지은 거래. 한마디로 이 책은 내용이 없는 백지 상태의 책이야.

이제는 책의 앞뒷면에 나온 추천 문구, 책 소개에 포함된 경고문에 대해 이해할 수 있겠지? "책을 펼치자마자 본론이 나오는데, 본론의 내용은 거부할 수 없는 진실이다." 이 말은 남자는 여자에 대해 아는 게 없다는 진실이 빈칸이라는 형식을 통해 첫 장부터 나온다는 뜻이겠지. 이 책은 서론, 본론, 결론이랄 게 없으니까. "절제되면서도 명확한 내용", "무언가 더 원하게 만든다" 이런 표현도 이해가 가지? 절제 정도가 아니라 아예 글자가 없고, 아무 내용이 없다 보니 읽고 난 후 무언가 더 원하게 되지. 책 한 권에서 배우거나 얻은 게 없으니까.

또 이 책을 선물로 주었다가 욕을 먹거나 심지어 부상을 당할 수도 있다는 말도 이해할 수 있지? 여자에게 차이고 슬퍼하는 남자에게 이 책을 주면, 불난 집에 기름을 붓는 격이 되어 남자가 성질을 버럭 내며 "지금 마음이 찢어진 사람에게 웬 장난질이냐!" 이러면서 발길질이나 주먹질을 할 수도 있잖아.

글자 하나 없이 130쪽이 죄다 빈칸인 책을 무려 2만 원 가까이 받다니! 이런 생각도 할 수 있지만, 재미있고 우스꽝스러운 선물로 딱이라는 의견도 있어. 심지어 글자를 모르는 어린 동생에게도 "Reading this book is **duck soup**(이 책을 읽는 건 식은 죽 먹기야)."라며 말해 줄 수 있는 책이지. 우리나라에는 없지만, 미국에서는 지금도 온라인 서점에서 팔리고 있는 정식 출간된 서적이야.

23. bad seed

천성이 나쁜 사람

bad 나쁜   **seed** 씨앗

    책이나 영화를 봐도 주요 등장인물 중에 악당이나 못된 사람은 꼭 있어. **bad seed**는 처음에는 착했는데 살다 보니 성격이 변해서, 혹은 친구를 잘못 사귀어서 나빠진 게 아니야. 애초에 정직하지 않고 성질이 못되고 불성실하고 불량한 사람으로 태어난, 그러니까 천성이 좋지 않은 사람을 **bad seed**라고 해.

    '악당villain', '나쁜 놈bad guy'와는 어감이 좀 달라. 순전히 나쁜 기질과 성격을 타고났기 때문에 착한 사람, 좋은 사람으로 변하기 힘들다는 어감이지. 씨앗 자체가 나쁜 씨앗이라면, 이를테면 겉은 멀쩡해 보이지만 속이 썩은 씨앗이라면, 햇볕 잘 드는 곳에 두고 물을 열심히 주면서 정성을 쏟아도 건강한 식물로 잘 자라지

않겠지. 강낭콩을 심고 장미 키우듯 키운다고 장미 싹이 나지 않는 것처럼 말이야. bad seed가 어떤 느낌인지 알겠지?

예를 들어 볼게

누나가 어떤 친구와 절교했대. 그 친구는 누나와 유치원 때부터 친구라서 아주 친한 줄 알았는데, 절교했다니 좀 의아했어. 이유를 물었더니, 그 친구에게 안 좋은 점이 너무 많아서 절교하기로 했대. 다들 알겠지만 친구라는 게 그렇게 쉽게 생기는 게 아니잖아. 그래서 내가 누나에게 이렇게 말했어.

"그 친구가 안 좋은 점을 고칠 수 있도록 말해 줘 봤어?"

"해 봤는데, 안 돼. 걔는 원래 그런 애라 고쳐질 수가 없어."

"안 좋은 점이 뭐가 있는데?"

"툭하면 거짓말하고, 내 허락 없이 가방이나 필통 같은 거 뒤지고, 뭐 빌려 가면 돌려주는 법이 없어. 화가 나는 일이 있으면 애꿎은 사람한테 화풀이를 하고, 남의 뒷담화는 왜 그렇게 좋아하는지 입만 열면 뒷담화야. 내가 그때그때 말해 줬거든. 그렇게 행동하면 사람들이 너 싫어한다, 그거 고쳐라, 이렇게 말이야. 그런데 고쳐지기는커녕 고칠 생각도 없더라고. 한마디로 이렇단 말이지.

She is a bad seed.
원래 그런 애라 구제 불능이야.

　세상에, 들어 보니 그 친구는 누나랑 비슷한 정도가 아니라 아예 똑같은 사람인 거야. 누나가 딱 그렇거든. 이 정도로 공통점이 많으면 둘도 없는 친구가 될 텐데 절교라니, 안타까워.

똥 커피

나쁜 씨앗은 아니고, 엄청 비싸서 유명한, 그리고 엄청 더러워서 유명한 씨앗에 관해 이야기해 줄게. 더러운데도 엄청 비싸다니, 어떻게 보면 나쁜 씨앗이라고 할 수도 있겠네.

커피 알지? 향기는 좋은데 시꺼먼 색깔에 쓴맛이 나는 음료잖아. 전 세계적으로 가장 인기가 좋은 음료지. 각성 효과가 있는 카페인 성분 때문에 커피를 마시면 정신이 맑아지고 졸리지 않아. 그래서 공부나 일을 할 때 커피를 마시면 집중력이 좋아진다고도 하고, 커피를 너무 많이 마시면 밤에 잠자는 데 방해가 되기도 하지.

보통 가루 형태의 커피에 뜨거운 물을 부어서 필터 아래에 걸러진 물을 마셔. 커피를 가루로 갈기 전 커피 알맹이를 '커피콩'이라고 해. 영어로도 'coffee bean'이야. 그럼 커피는 콩 종류일까? '콩'이라고 불리긴 하지만 강낭콩 같은 콩은 아니야. 그리고 커피나무의 열매에서 나온 건 맞지만 열매의 과육이 아니라 열매 안에 든 씨앗이야. 그래서 'coffee bean'을 사전에서 찾아보면, '커피나무 열매의 씨'라고 나와. 커피 열매의 씨앗을 말린 후 볶은 걸 커피콩 또는 커피 원두라고 해.

전 세계적으로 커피 종류가 정말 많고 가격도 천차만별인데, 그중에서도 진짜 특이한 커피가 있어. 값은 비싸고 향과 맛이 독특한 커피인데, 이 커피가 유명해진 진짜 이유는 커피콩을 얻는 과정이 충격적으로 더럽기 때문이야.

커피나무가 잘 자라는 인도네시아의 커피로, 이름은 코피루왁이야. '코피kopi'는 '커피', '루왁luwak'은 '사향고양이'라는 뜻의 인도네시아어야. 한마디로 '사향고양이 커피'라는 뜻이지. 사향고양이를 '시벳civet'이라고도 하거든. 그래서 코피루왁을 '시벳커피'라고도 해.

인도네시아의 커피 농장에서는 사향고양이가 농장을 돌아다니며 커피 열매를 마구 먹는데 아무도 이를 막지 않고 그냥 둬. 커피 열매를 먹은 사향고양이는 농장 곳곳에 배설물, 그러니까 똥을 막 싸. 그럼 농장주들은 싫어하기는커녕 아주 반가워해. 그리고 사향고양이의 똥을 모아서 똥 안에 든 커피 열매의 씨앗만 골라내. 단단한 씨앗은 사향고양이 배 속에서 소화되지 않고 그냥 배설되어 나오거든. 사향고양이의 소화 기관을 거쳐 똥으로 나온 이 커피 열매의 씨앗, 이게 바로 그 유명하고 비싸다는 코피루왁이야. 아까 '충격적으로 더럽다'고 한 이유를 알겠지? 당연한 얘기지만, 똥 부분은 다 떼어 버리고 잘 씻고 닦기 때문에 코피루왁에 똥은 전혀 묻어 있지 않아. 그렇긴 하지만 그 유명하고 비싸다는 커피가 똥 커피라니······.

원래 커피 열매 씨앗도 그대로 커피 원두가 되는 게 아니라 일정한 처리 과정을 거치거든. 코피루왁은 그 과정을 사향고양이 소화 기관을 통해 거치면서 독특한 맛과 향이 생겨. 사향고양이 똥에서 나왔으니 맛과 향이 독특한 건 당연한 일 아니냐고? 그런데 코피루왁의 '독특함'은 똥 냄새가 아닌 특별한 맛과 향이야. 특히 신맛은 커피 특유의 쓴맛과 절묘하게 조화를 이룬다고 해.

사향고양이 수가 많지 않아서 코피루왁 생산량 역시 많지 않은데 한국, 일본 등에서 이를 찾는 사람들이 꽤 많다 보니 값이 비싸졌어. 얼마나 비싸냐 하면, 세계에서 가장 비싼 커피로 통할 정도야. 보통 커피 값의 13배, 최고급 커피와 비교해도 값이 2~3배 더 비싸지.

그런데 동물 보호 단체에서는 코피루왁 판매를 반대해. 인도네시아의 커피 농장 주인들이 돈이 되는 코피루왁을 많이 생산하고 싶은데, 사향고양이가 많지 않은 데다 얘들이 커피 열매를 그렇게 많이 먹어 주지도 않거든. 다른 것보다 커피 열매를 많이 먹어야 씨앗이 들어 있는 똥을 많이 쌀 텐데 말이야. 그래서 사향고양이를 잡아다가 다른 데 못 가게 농장 안에 가두고, 다른 먹이는 주지 않고 오로지 커피 열매만 주는 거야.

사향고양이는 마음대로 돌아다니지도 못하고 좁은 데 갇혀서 종일 커피 열매만 먹으니까 영양 불균형이 심해지고 스트레스를 받아 털도 빠지고 병에 걸려. 커피 열매에도 당연히 카페인이 들어 있는데, 사향고양이들이 커피 열매만 먹으니 카페인 과다 섭취로 이런저런 부작용과 질병에 시달리고 죽음에 이르는 경우도 많아. 그래서 코피루왁을 원하는 사람이 많으면 많을수록 인도네시아의 사향고양이 학대 역시 늘어날 수밖에 없다는 게 동물 보호 단체의 주장이지.

아무튼 똥을 뒤져야 얻을 수 있고, 가격도 비싼 데다, 사향고양이까지 힘들게 만든다니, 코피루왁의 원두는 이래저래 bad seed라고 할 수 있겠네.

24. bird brain
멍청이

bird 새   brain 뇌

작은 동물은 아무래도 뇌도 작을 수밖에 없겠지? 일단 머리부터가 작으니까 말이야. 뇌가 작으면 머리가 나쁠 거라고 생각하는데, 개미 뇌가 엄청 작을 테니 개미는 모두 멍청이일까? 그렇지가 않아. 개미 몸 크기를 생각할 때 개미의 뇌는 작다고 할 수 없어.

동물 중에 유난히 멍청이로 통하는 게 바로 새야. 우리나라에서는 특히 닭을 멍청이의 대명사로 취급해. '머리'의 속어가 '대가리'인데, '닭대가리'는 '멍청한 사람'을 가리키는 모욕적인 표현이야. 영어를 사용하는 서양에서도 새를 멍청하다고 생각해서 **bird brain**은 '새의 뇌를 가진 사람', 즉 '멍청이'라는 의미로 쓰여.

예를 들어 볼게

전교에서 가장 멍청하고 눈치가 없어서 **bird brain**의 화신으로 모두가 인정하는 아이가 천재로 의심되는 전교 1등과 큐브 맞추기를 해서 이겼대. 어떻게 이긴 건지 너무 궁금해서 걔들 반을 찾아가는데, 복도에서 아이들이 하는 소리를 들으니 더 기가 막혀. 큐브 맞추기를 시작한 지 5초 만에 **bird brain**이 이겼다는 거야. 충격으로 전교 1등은 쓰러지기까지 했대.

그 반에 가 보니, 분위기가 심상치 않아. 복도에서 교실 뒷문을 통해 보니까 큐브 맞추기로 전교 1등을 5초 만에 쓰러뜨렸다는 그 아이가 교실 뒤에 서서 벌을 받고 있어. 무슨 일이지? 전교 1등은 중간쯤 자기 자리에서 울고 있어. 굴욕과 수치심으로 울음보가 터진 건가? 그리고 저 친구는 전교 1등에게 대망신을 안긴 죄로 벌을 받는 건가? 에이, 설마!

때마침 교실로 들어가려는 그 반 아이가 있길래 무슨 일인지 물었어.

"전교 1등이 큐브를 가져와서 '나랑 큐브 맞추기 할 사람?' 이러니까 저 녀석이 자기가 하겠다며 큐브를 받아 들더니 대뜸 전교 1등에게 큐브를 던졌어. '큐브 맞추기'가 큐브를 던져서 몸에 맞히는 거로 생각한 거야. 전교 1등은 너무 아파서 울고, 쟤는 벌을 받고 있어."

그럼 그렇지, 녀석은 살아 있는 **bird brain**의 전설이라 할 만하군.

Bird brain!
멍청이!

 ## 작은 뇌를 가진 능력자, 타조

새 중에서도 유난히 멍청하다고 오해받는 새가 있어. 바로 타조야. **bird brain**이 멍청이라는 뜻으로 쓰이긴 하지만, 독수리를 멍청이라고 하지 않잖아. 까마귀도 멍청하기는커녕, 도구를 이용할 정도로 똘똘하지. 이렇게 모든 새들이 다 멍청이 취급을 받는 건 아닌데 타조만큼은 멍청이라고 생각해. 아마도 이 이야기 때문인 거 같아.

타조는 맹수나 사냥꾼을 만나면 모래나 땅에 머리를 파묻는다고 해. 머리를 파묻으면 당장 눈앞에 맹수도, 사냥꾼도 안 보이잖아. 그럼 멍청한 타조는 '어, 아무것도 안 보이잖아. 그럼 없는 거네.'라고 생각한다는 거지. 일종의 현실 부정인데, 이런 식으로 어려운 일을 해결하려고 하거나 적절히 대응하지 않고 그냥 현실을 피하고 거부해 버린다는 의미의 '타조 증후군'이란 표현도 있어. 내 눈에만 안 보이면 문제가 없어진 거라고 생각하는 사람을 '타조처럼 멍청하다'고도 하지.

그런데 사실은 타조가 멍청해서 머리를 모래에 처박는 게 아니야. 사막이나 그늘이 없는 들판의 더운 날씨에 체온이 너무 올라가지 않도록, 서늘하고 수분도 있는 땅이나 모래 속에 머리를 처박는 거야. 다시 말해 체온 조절을 위해서지.

그래도 모래나 땅에 머리를 처박으면 앞이 안 보여서 천적의 공격을 당하기 쉬울 텐데, 멍청한 거 맞지 않나, 이렇게 생각하는 사람 있지? 땅속에 머리를 대면 땅의 미세한 진동을 통해 다른 동물의 움직임과 발소리를 더 잘 감지할 수 있어. 머리를 들고 이리저리 고개를 돌려 천적이 오는지 쳐다보는 것보다, 땅속에 머리를 박고 있는 게 효과적이고, 천적이 오는 방향까지 감지할 수 있대. 게다가 키가 큰 타조가 머리를 땅에 박으며 몸을 숙이면 멀리서는 잘 안 보이게 하는 효과까지 있지.

이렇게 타조의 영특함을 알려 줘도, 여전히 타조는 멍청이라 믿는 사람이 있어. 몸에 비해 뇌가 작다는 게 이유지. 대부분의 새들이 머리가 작긴 한데, 그래도 타조보다 작긴 힘들어. 딱 봐도 가운데 몸통은 아주 튼실한데 머리는 아주 부실하잖아. 머리가 저렇게 작으니 저 안에 든 뇌가 커 봐야 얼마나 크겠어? 실제 타조의 뇌는 정말 뇌가 맞나 싶을 정도로 작아. 눈알보다 뇌가 더 작거든. 타조 눈이 크긴 하지만 눈보다 뇌가 더 작다니, 솔직히 이 정도면 타조 때문에 **bird brain**이라는 말이 생겼다고, 새들이 멍청이 취급받는 건 다 타조 때문이라고 말해도 되지 않을까 싶어.

그런데 뇌가 작아도 타조는 대단한 능력자야. 키가 약 2미터, 몸무게가 약 100킬로그램일 정도로 덩치가 큰 타조는 날지 못하는 대신 입이 쩍 벌어지는 달리기 선수야. 완전 근육질인 튼튼한 다리로 최대 시속 72킬로미터까지 속도를 낼 수 있고, 빠른 속도를 유지하며 꽤 오래 달릴 수도 있어. 거의 자동차만큼 빠른 수준이야. 다리가 근육질이라서 싸움도 잘해. 타조 다리에 걷어차이면 사람이든 동물이든 부상을 당하거나 죽을 수도 있어. 실제로 타조의 발차기가 얼마나 위협적인지, 사자도 타조를 쉬운 먹잇감으로 보지 않을 정도야.

뇌보다 큰 타조의 눈은 작은 머리 대부분을 차지할 정도인데, 크기만 큰 게 아니라 시력도 넘볼 수 없는 수준이야. 자그마치 25.0이니까 "시력 좋네." 정도가 아니라 "시력이 슈퍼파워네."라고 해야 해. '매의 눈'이라는 표현도 있을 만큼 시력 하면 남부럽지 않은 매도 고작 9.0이니까, 타조 앞에서 시력 좋다고 우쭐댈 수 있는 생명체는 없어. 단, 밤에는 사람 눈이나 타조 눈이나 비슷해져. 그래서 야간 시력이 좋은 사자, 표범은 밤에 타조를 사냥해.

눈보다 작은 뇌를 가졌다는 굴욕적인 신체 구조에도 불구하고 타조는 그렇게 멍청이처럼 행동하지 않아. 특히 타조알을 지킬 때는 '혹시 천재가 아닐까?' 하는 생각이 들어. 포식자가 알을 노리면, 우두머리와 암컷이 둥지를 지키는 사이 다른 암컷이 포식자를 유인해. 그냥 유인하는 게 아니라 절뚝이거나 비틀거리며 다친 척을 해. 포식자는 '저 타조가 사냥하기 쉽겠군.' 이렇게 오해하고 따라가겠지. 둥지에서 멀어진 포식자가 공격하면 포식자를 유인한 다른 암컷 타조가 그제야 어마어마한 속도로 도망가. 그 작디작은 뇌에서 이런 기발한 아이디어가 나오다니, 타조를 보면 **bird brain**이라고 부를 수 없을 것 같아.

25. an arm and a leg
거액의 돈

an arm 팔 하나 **and** 그리고
a leg 다리 하나

놀랍게도 an arm and a leg의 뜻이 정말로 '거액의 돈'이야.

"팔 하나와 다리 하나를 준다면, 돈은 달라는 대로 주겠다." 이런 말을 들으면 어떻게 하겠니? 수백억, 수천억, 아니 수조 원을 줄 테니 팔과 다리를 달라고 한다면? 선뜻 주겠다는 사람이 많지 않을 거야. 그래서 이런 표현이 나오지 않았나 싶어.

예를 들어 볼게

누나의 일기장을 몰래 본 결과는 참혹했어. 양손의 손금이 닳아 없어지도록 싹싹

빌었는데도, 누나는 분노를 폭발시키며 용서해 주지 않았어. 부모님의 중재로 겨우 누나 방에 다시 들어가 사과하며 용서를 빌었어. 누나는 여전히 벌겋게 상기된 표정으로 나를 째려보며 이제부터 일주일 동안 누나가 시키는 대로 하면 용서해 주겠다고 했어. 나는 내키지 않았지만, 누나의 화를 가라앉혀야 했고 나도 잘못한 게 있어서 일단 알았다고 했어.

누나는 나에게 오만 가지 심부름을 시키면서 툭하면 뒤통수에 꿀밤을 먹였어. 특히 내가 게임을 시작하면 꼭 나를 불러다 심부름을 시키는데, 하루를 견디기가 힘들더라고. 도저히 일주일을 버틸 수 없을 것 같아서 누나에게 내 돼지 저금통을 줄 테니 일주일 심부름한 걸로 퉁치자고 했더니 누나는 즉시 제안을 받아들였어.

저금통을 주고 기진맥진한 얼굴로 누나 방을 나오니 엄마가 무슨 일인지 물었어.

**Mom, I'm free now.
But freedom cost me an arm and a leg.**

엄마, 난 이제 자유예요.

하지만 자유에 엄청난 돈이 들었어요.

세상에서 가장 아름답고 가장 참혹한 무덤

이 표현을 보면 생각나는 무덤이 있어.

팔 하나와 다리 하나만 매장된 무덤? 그런 게 아니고, 세상에서 가장 거대하고 믿을 수 없을 만큼 아름다운 무덤이야. 대리석으로 지어진 왕궁 같은 건축물에 벽과 천장, 바닥 등이 보석으로 화려하게 장식되어 있어. 그저 보석 때문에 휘황찬란한 게 아니야. 정교하게 홈을 파서 보석을 박아 넣은 장식은 수백 년이 지난 지금도 작은 틈 하나 없고, 무늬며 조각 등은 하나하나가 예술품 수준이야. 매의 눈(혹은 타조의 눈)으로 구석구석 꼼꼼하게 살펴봐도 어느 한 구석 아름답지 않은 데를 찾기 힘들지. 공사에 참여한 2만여 기술공들이 하나같이 완벽한 솜씨를 가졌었나 봐. 그 옛날에 두 손과 단순한 연장만으로 이렇게 정교하게 장식하고 조각하는 게 가능했다니……. 그저 놀라울 따름이야.

당연히 이 무덤에 든 비용도 상상을 초월하는 수준이야. 현재 가치로 환산하면 약 9,800억 원 정도라니 어마어마하지? 공사를 1632년에 시작해서 1653년에 완공했으니까 공사 기간도 무려 22년이나 걸렸어.

이 무덤은 세계 7대 불가사의 중 하나인데, 이유는 사람의 손으로 만들었다고 믿기 힘든 아름다움과 정교함 때문이기도 하고, '불가사의하다'는 말 외에 달리 설명할 도리가 없을 정도로 완벽하게 이룬 대칭 때문이기도 해. 당시 건축물은 중간을 기준으로 양쪽이 똑같은 대칭을 이루는 스타일이 유행했는데, 이 무덤의 대칭은 비현실적인 수준이야. 묘가 있는 건물(묘궁) 자체도 좌우가 완벽한 대칭이고, 묘궁을 중심으로 동서남북 어디에서 봐도 대칭적 균형에 한 치의 오차도 없이 완벽해서 경외롭다 못해 불가사의하지.

물론 불가사의한 점은 또 있어. 운송 수단이 변변치 못했던 수백 년 전에, 엄청난 양의 대리석과 셀 수 없는 양의 보석, 장식물을 도대체 어디에서 구해다 어떻게 그곳까지 운송해 온 것일까? 이런저런 추측이 많은데, 미스터리라는 점에서는 모두가 동의해.

그런데 이렇게 놀라운 무덤을 누가, 왜 만든 것일까?

어느 황제가 여러 황후들 중 유독 한 황후를 몹시 사랑해서 떨어져 지내기 싫다며 전쟁터에도 데려갈 정도였어. 그렇게 사랑한 아내가 아기를 낳다가 세상을 떠나자 황제는 며칠 새에 머리가 백발이 될 정도로 굉장히 슬퍼했대. 황제는 아내를 위해 '세상에서 가장 아름답고 멋진' 무덤을 지으라 명령했어. 그게 바로 이 무덤이야. 믿을 수 없을 정도로 거대하고, 아름답고, 정교하고, 완벽한 이 무덤은 말 그대로 '무덤'이라서 크고 웅장하지만 무덤이 있는 방 외에는 다른 용도로 쓸 만한 방이 없어. 먼저 황후가 여기에 묻히고, 황제는 나중에 사망한 후 황후 옆에 묻혔어.

황제는 아내의 무덤이 아주 마음에 들었어. 황제는 이 무덤만큼 아름답거나, 이 무덤보다 더 아름다운 무덤이 생기면 안 된다고 생각했어. 세상에서 가장 아름답고 웅장한 무덤은 아내를 위한 이 무덤 한 곳뿐이어야 하니까. 황제는 무덤

공사에 참가한 기술공들이 우수한 솜씨와 기술을 갖고 있는데, 다른 데 가서 또 이처럼 아름답고 웅장한 것을 만들면 어쩌나 걱정이 되었어. 황제는 걱정 끝에 공사에 참가한 기술공들의 손을 잘라 버렸어. 왜 이 이야기를 시작할 때 an arm and a leg란 표현을 보면 이 무덤이 생각난다고 했는지 알겠니? 불가사의한 수준의 비현실적인 건축물이 탄생하는 데 'an arm and a leg엄청난 비용'이 들기도 했지만, 기술공들은 비유적인 표현이 아니라 단어 그대로 'an arm팔'이 실제로 희생되었으니까.

"This tomb cost me an arm(just an arm, not a leg)."

(이 무덤에 나는 팔 하나라는 비용을 치렀어요(다리는 아니고 팔만).)

무덤이 너무 아름답다 보니 이런 이야기가 생겼을 뿐, 확인할 수 있는 사실이 아니라는 사람도 있어. 하지만 황제가 2만여 명의 장인들의 손을 잘랐다는 건 오랫동안 전해 내려오는 유명한 이야기야. 설마 그런 황당하고 잔혹한 짓을 사람이 할 수 있겠나 싶은데, 이런 황당하고 잔혹한 이야기가 러시아에도 있어. 모스크바의 성 바실리 성당을 지은 황제 이반 4세도 성당의 아름다움에 감탄하며 이런 건축물이 다른 데서 또 나오지 못하도록 건축가를 장님으로 만들었다고 해.

아무튼 이 대단한 무덤의 이름은 '타지마할'이야. 인도 무굴 제국 제5대 황제 샤 자한이 아내 뭄타즈 마할을 위해 지은 무덤으로, 나랏돈을 이 무덤 하나에 다 쏟아부은 탓에 아들에 의해 황제의 자리에서 쫓겨나기까지 했어. 인도 이슬람 건축을 대표하는 걸작이자 세계에서 가장 화려한 건물로 손꼽히는 타지마할은 세계 7대 불가사의에 선정되어 있기도 하고, 1983년에는 유네스코 세계 문화유산에 지정되기도 했어.

26. easy peasy lemon squeezy
엄청 쉬워

easy peasy 매우 쉬운
lemon squeezy 레몬즙 짜내듯

말은 이렇게 길지만 뜻은 아주 짧고 간단해. 그냥 '쉬워'거든. 맨 앞의 단어 'easy'만 써도 같은 뜻이지만 굳이 별다른 의미가 없는 네 단어로 길게 표현한 건, 순전히 재미 때문이야. 'easy쉬운'과 'lemon레몬'은 의미가 있는 단어이고, 'squeezy'는 'squeeze쥐어짜다'에 '-y'를 붙여 '레몬즙 짜내듯 쉬운' 정도로 해석하기도 하지만, 의미보다는 발음이 아기들 말처럼 귀엽고 재미나서 생긴 표현이라고 보면 돼. 실제 발음해보면 재미있거든.

어린아이들뿐 아니라 어른들도 종종 쓰는 표현이야. 주어, 동사, 이런 거 없이 그냥 **easy peasy lemon squeezy**라고 하면 돼. 네 단어 중 앞의 두 단어 'easy

peasy'만 써도 같은 뜻이야.

이 표현과 의미가 같은 또 다른 표현으로 'a piece of cake'도 있어. '케이크 한 조각'이라는 뜻인데, 맛있는 케이크를 한 조각 먹는 건 아주 쉽잖아. 이 표현 역시 '쉽다'는 의미인데, 우리말로 '식은 죽 먹기'와 똑같다고 보면 돼. 죽은 씹을 것도 없이 꿀떡꿀떡 넘어가는데, 적당히 식기까지 했다면 호호 불 필요도 없으니 '식은 죽 먹기'는 그야말로 세상에서 제일 쉬운 일이겠지. 앞에서 봤던 'duck soup' 기억나지? 모두 같은 의미로 쓰이는 표현들이야.

공부하기는 너무 어려운데, 시험은 잘 보고 싶어. 그래서 항상 100점을 맞는 친구에게 100점 맞는 비결을 물었더니,

"100점? **Easy peasy lemon squeezy**."

이러는 거야. 도대체 어떻게 하길래 쉽다는 건지 다시 물었더니 그 친구가 이래.

"답을 표시할 때 틀린 답 말고 정답만 골라서 표시하면 돼. 그럼 100점이야."

그런 쉬운 방법이 있었다니, 진짜 'a piece of cake'이고 'duck soup'이네.

달달하고 기름진 음식은 엄청 좋아하는데, 살이 찌는 건 싫어. 그래서 잘 먹는데 날씬한 친구에게 비법을 물었더니,

"많이 먹고 살 안 찌는 거? **Easy peasy lemon squeezy**."

이러는 거야. 많이 먹어도 살 안 찌는 게 쉽다니, 비법이 뭐냐고 물으니 그 친구가 이러더라.

"살 안 찌는 체질로 태어나면 돼. 나는 살 안 찌는 체질이라 살찌는 거 신경 안 쓰고 막 먹어."

살 안 찌는 체질로 태어나면 되는 줄도 모르고 다이어트하느라 고생만 했네.

Easy peasy lemon squeezy.
완전 쉽지.

속이는 게 가장 쉬웠어요

 '공부가 가장 쉬웠어요' 이런 책 제목 들어 본 적 있니? 일용직으로 일하며 서울대에 수석으로 합격한 사람이 쓴 책인데, 많은 학생들을 분노와 허탈감의 구렁텅이로 빠뜨린 책 제목으로도 유명하지. 세상에, 공부가 가장 쉽다니!

 지금 소개할 P. T. 바넘이 책을 쓴다면 '남 속이는 게 가장 쉬웠어요'라는 제목일 것 같아. 바넘은 속이기의 달인이거든. 더 정확히 말하면, 다양하게 조작한 쇼로 많은 사람들을 즐겁게 해 주고 돈을 벌었어. 자신의 쇼에 사람들을 불러 모으기 위한 과대, 과장광고는 기본이었지. 사실 '과장' 또는 '과대'라는 표현보다 '거짓말'이라는 표현이 더 적당할 정도야. 광고, 홍보 측면에서 보면 사람들의 관심을 끄는 그의 능력은 정말 뛰어나. 그래서 많은 이들이 바넘을 최고의 사기꾼인 동시에 흥행의 천재라고 인정하지.

 어떤 식이냐 하면, 1835년에 아주아주 늙어 보이는 조이스 헤스라는 할머니를 데려다 160살이라고 속여 무대에 올렸어. 그리고 미국의 제1대 대통령 조지 워싱턴의 간호사였다고 대대적으로 광고를 했어. 세상에, 160살 할머니가 살아 있다니! 많은 사람들이 입장료를 내고 할머니를 보기 위해 구경 왔는데 사실 그 할머니는 80살이었고 잘 움직이지도 못하는 전신 마비 환자였어.

 1842년에는 피지섬에서 잡힌 인어의 미라를 가져와 전시했어. 정말로 상반신은 사람, 하반신은 물고기의 모습인 거야. 신기하잖아. 동화에나 나오는 인어의 미라가 있다니! 당시 수많은 사람들이 미라를 보기 위해 비싼 입장료를 준비해서 몇 시간씩 줄을 서서 기다리는 것도 마다하지 않았대. 그런데 이 미라는 속이기의 달인 바넘이 원숭이 뼈와 말라 버린 물고기 뼈를 대충 연결해서 인어 모습처럼 만든 거였어. 바넘에게는 이렇게 사실이 아닌 걸 사실처럼 조작하고 거짓말로 광고하는 게 **easy peasy lemon squeezy**였거든.

바넘은 "사람은 속기 위해 태어났다."는 말을 할 정도로 이런 속임수 쇼에 아무런 양심의 가책을 느끼지 않았대. 돈이 된다면 조작도 괜찮고, 과장, 과대광고도 상관없다고 생각했지. 그냥 돈을 빼앗는 강도나 도둑과는 달리, 사람들을 재미있게 해 주고 돈을 버는 거니까 괜찮다고 여긴 거야. 피지섬의 인어 미라가 대표적인 예야.

또 바넘은 쇼로 돈을 벌 수 있다면 무엇이든 괜찮다고 여기며 'freak show'를 열었어. 이 말은 '기형 쇼' 혹은 '괴물 쇼' 등으로 번역되는데, 'freak'은 '정상이 아닌, 희한한, 괴물 같은 사람'이라는 아주 부정적인 의미를 담고 있어. 이 쇼 덕분에 바넘은 돈은 많이 벌었지만 비난도 엄청 받았어. 샴쌍둥이, 왜소증 등 선천적인 기형을 가진 장애인들을 무대에 올려 구경거리로 만들었거든. 바넘이 이들에게 적지 않은 출연료를 지불했기 때문에 정당하다는 사람도 있지만, 'freak show'라는 표현 자체가 말해 주듯 대단히 부적절한 짓이었지. 하지만 당시에는 이런 일이 옳지 않다는 사회적인 인식이 부족했고, 바넘 역시 돈벌이가 된다면 장애를 구경거리로 삼아도 괜찮다고 생각했어.

바넘은 서커스, 전시회 등 쇼 비즈니스를 이어 가며 사업가, 정치인으로 성공했는데, 바넘에 대한 평가는 극과 극으로 갈라져. 장애인과 동물을 돈벌이로 이용한 파렴치한, 사기꾼, 거짓말쟁이로 평가하는 사람도 있고, 인종 차별과 노예 제도를 공개적으로 반대하고 교육 기관, 박물관, 병원 등 공공의 이익을 위해 기부를 많이 했다며 좋게 평가하는 사람도 있지.

바넘의 이야기를 담은 영화 〈위대한 쇼맨〉이 개봉되었을 때, 바넘을 잘 그려 냈다는 평가도 있었고, 바넘을 너무 미화시켰다는 부정적인 평가도 있었어. 바넘에 대한 평가는 다양하지만, 속임수와 조작, 과장과 거짓이 바넘에게는 'a piece of cake'였다는 데는 이견이 없지.

기자 : 조작인데 진짜라며 거짓으로 홍보하고 전시하는 게 어렵지 않았나요?

바넘 : No, it's **easy peasy lemon squeezy**. (아니요, 아주 쉬워요.)

기자 : 속이는 게 쉽다고요?

바넘 : The American people liked to be humbugged.
(미국인들은 속임당하는 걸 좋아하거든요. (바넘이 실제로 한 말))

27. bite the bullet
싫지만 억지로 하다, 어렵거나 불쾌한 일을 감수하다

bite 물다
the bullet 총알

지금은 이런 일이 없겠지만, 오래전에는 전쟁 중에 부상당한 군인을 치료할 때 마취제가 부족해서 마취도 없이 상처를 꿰매거나 수술을 하기도 했대. 마취 없이 맨정신으로 수술을 받으면 얼마나 고통스러울까? 통증을 참으려고 이를 악물다가 이가 깨질 수 있어서 입에 수건 같은 걸 물기도 하는데, 전쟁 중에는 입에 총알을 물리기도 했대.

bite the bullet은 수술을 하지 않으면 죽을 수도 있는데 마취제가 없어서 총알을 물고 통증을 강제로 견디며 수술을 받아야 하는, 그런 상황에서 나온 표현이야. 하기 싫은 어떤 일을 억지로 해야 할 때 쓰지.

예를 들어 볼게

부모님이 여행을 가셨어. 누나랑 나는 늦게 자고 늦게 일어나고 아무렇게나 먹고 마음껏 놀리라 결심했지. 나는 밤늦게까지 게임을 했고 누나는 밤늦게 라면을 먹으며 슬픈 영화를 봤어. 누나가 줄줄 흐르는 눈물과 콧물을 닦아 내면서 라면을 야무지게 먹어 치우고, 틈틈이 "정말 감동적인 영화야!"라고 외치는 걸 보고, 나는 '저게 동시에 가능하다니!' 하며 속으로 감탄했어. 보통 눈물, 콧물이 흐르면 숨을 입으로 쉬어야 해서 무얼 먹거나 말하기가 쉽지 않잖아.

아무튼 감동의 도가니 속을 허우적거린 다음 날, 누나의 얼굴은 참혹했어. 눈꺼풀, 쌍꺼풀 할 것 없이 눈 주위가 두툼하게 부풀어 올랐어. 입술 주변도, 콧구멍 둘레도, 광대뼈 부근도……. 그러니까 얼굴 전체가 구석구석 빠짐없이 부어오른 거지. 다들 알잖아, 라면 먹고 자거나 울고 자면 어떻게 되는지. 누나는 두 가지를 모두 했으니 얼굴이 그 지경이 된 거야.

그런 누나 얼굴을 보고 놀리지 않는 동생이 있다면, 동생의 의무를 다하지 않는 무책임한 사람이지. 나는 최선을 다해, 성심성의껏 누나를 놀려 주었어. 누나가 나한테 베개를 던지고 문을 쾅 닫고 들어가 얼굴에 얼음 마사지를 하는데, 배가 고프더라고. 부엌에 갔는데 먹을 게 없어. 엄마가 누나에게 돈을 주며 먹고 싶은 거 사 먹으라고 한 게 떠올랐어. 누나 방문을 노크하니 누나가 아무 대답도 안 해.

"누나, 나 배고파서 그래. 엄마가 준 돈 좀 줘 봐, 가게에 다녀오게."

누나가 아무 대답도 안 하네. 이런, 누나에게 호빵맨, 바다소 같다고 말한 걸 후회했어.

"누나, 나 배고프다고! 돈 안 주면 엄마한테 이른다!"

누나가 계속 대답을 안 해. 어이구, 인터넷에서 성형 부작용으로 탱탱 부은 사진을 찾아 누나에게 보여 준 걸 후회했어. 사실을 있는 그대로 말한 거니까 내가 잘못한 건 없지만, 누나에게 잘못했다고 싹싹 빌지 않으면 부모님이 돌아올 때까지 굶어야 할 수도 있어. 동생으로서 당연히 해야 할 일을 했는데도 사과를 해야 하다니, 이런 억울한 일이 다 있나!

I have to bite the bullet and say sorry to her.

싫지만 어쩔 수 없이 누나에게 사과해야겠네.

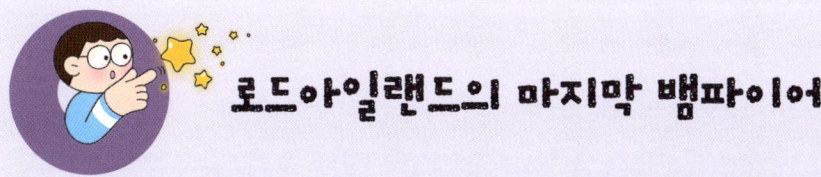
로드아일랜드의 마지막 뱀파이어

　1800년대에 폐결핵이 유행했어. 지금은 치료가 가능하지만, 당시에는 7명 중 1명은 사망할 정도로 무서운 병이었어. 사망률도 높은데 전염력도 강해서 폐결핵은 공포 그 자체였지.

　폐결핵을 영어로 'tuberculosis'라고 해. 딱 봐도 암기가 불가능한 어려운 단어로 보이지? 이 단어 말고 '소비'라는 의미의 'consumption'에도 폐결핵의 의미가 있어. 폐결핵이 몸의 기운, 생명력을 '다 써 버린다, 소비한다'는 뜻이지. 실제로 폐결핵에 걸리면 몸의 기운이 없고, 고통스러운 기침은 계속되고, 살이 빠져. 극도의 피로감에 시달리고 기침할 때 피를 토하기도 해. 증상이 이렇다 보니 폐결핵은 흡혈귀 즉 뱀파이어 때문이라는 미신이 있었어. 이야기 속의 뱀파이어가 안색이 창백하고 호리호리한 몸에 밥 대신 피를 먹잖아. 뱀파이어가 늙거나 죽지 않는 건 살아 있는 사람들의 생명력을 빨아 먹기 때문이라고 믿었지.

　당시 이런 어처구니없는 미신 때문에 일어난 사건이 있어.

　1880년대 후반 미국 로드아일랜드주에 폐결핵이 돌았어. 브라운 부부는 큰딸 메리와 작은딸 머시, 그리고 아들 에드윈과 이곳에 살고 있었어.

　브라운 부인이 폐결핵에 걸려 사망했고, 몇 달 후 스무 살이던 큰딸도 폐결핵으로 세상을 떠났어. 다행히 나머지 가족들은 괜찮은 듯했지만 몇 년 후 다시 폐결핵이 이 가족을 덮쳤어. 아들 에드윈이 폐결핵을 앓자 아버지 조지 브라운은 치료를 위해 콜로라도로 보냈어. 엎친 데 덮친 격으로 에드윈이 요양 간 사이 작은딸 머시마저 폐결핵으로 사망했어. 조지는 교회 지하에 머시의 관을 두었어. 추운 지역이라 겨울이면 땅이 꽁꽁 얼거든. 땅을 파고 관을 넣어 묻기 어려워서 겨울이 지나고 언 땅이 녹으면 그때 땅에 묻으려고 했지.

조지에게 남은 가족은 아들 에드윈뿐인데, 에드윈은 18개월이나 요양을 하고도 병세가 좋아지지 않아 결국 그냥 집으로 돌아오게 되었어. 아들의 병을 고치고 싶은 조지에게 이웃과 친구들이 끔찍한 이야기를 해 주었어. 사망한 가족 중 누군가가 뱀파이어인데, 에드윈의 병이 낫지 않고 계속 시름시름 앓는 건 그 뱀파이어가 에드윈의 생명력과 기운을 빨아 먹기 때문이라는 거야. 뱀파이어는 그런 식으로 살아남아 고통을 주고 에드윈은 결국 죽게 될 거라며, 에드윈을 살리려면 죽은 가족 중에 누가 뱀파이어인지 알아내야 한다고 했어. 그리고 뱀파이어의 심장과 간을 태운 재를 먹여야 뱀파이어는 죽고 에드윈은 살 수 있다고 말이야.

죽은 아내와 두 딸의 무덤을 파헤치라니! 당연히 조지는 반대했어. 무덤을 파헤치는 것도, 뱀파이어로 드러난 가족의 시신에서 심장과 간을 꺼내는 것도, 심장과 간을 태운 재를 에드윈에게 먹여야 하는 것도 다 끔찍했어. 하지만 친구와 이웃들의 끈질긴 설득에 조지는 bite the bullet 할 수밖에 없었지.

2년 전에 사망한 아내와 큰딸은 무덤을 파내 보니 관 속에 뼈만 남아 있었어. 이 말은 이 둘은 뱀파이어가 아니라는 뜻이야. 뱀파이어는 죽지 않기 때문에 시신이 부패하지 않고 사망 당시 모습을 그대로 간직하거든.

그다음으로 두 달 전에 사망한 작은 딸의 관을 열었더니, 세상에! 사망한 지 두 달이나 되었는데 얼굴에 혈색이 돌고 시신도 전혀 부패하지 않은 상태인 거야. 마치 자고 있는 것처럼 말이야.

사람들은 머시가 뱀파이어라고 확신했어. 머시가 에드윈의 생명력을 빨아 먹어서 머시는 죽은 지 두 달이나 되었는데도 시체 같지 않게 쌩쌩하고, 에드윈은 뱀파이어 누나에게 생명의 기운을 빼앗겨 다 죽어 간다는 거지. 에드윈을 살리려면 머시의 심장과 간을 태워 머시를 확실히 죽이고, 그 재를 물에 타서 에드윈에게 먹여야 한다고 주장했어.

미신도 이런 미신이 없지만, 조지는 에드윈을 살려 보려는 마음에 그렇게 했어. 머시의 심장과 간을 빼낼 때 피가 아주 많이 흘렀고, 사람들은 머시가 뱀파이어가 분명하다고 다시 확신했어. 머시의 심장과 간을 태운 재를 에드윈에게 먹였고, 남은 머시의 시신은 다시 관에 넣어 묘를 만들었어. 뱀파이어도 심장이 없어지면 진짜로 죽는다고 생각했거든. 이렇게까지 했는데도 에드윈은 두 달 후 폐결핵으로 사망했어. 머시가 뱀파이어가 아니었기 때문일까?

머시가 뱀파이어라서 시신이 부패하지 않은 게 아니라, 땅도 얼 정도로 추웠기 때문이야. 시신이 일종의 냉장 상태였던 건데, 뱀파이어라고 믿고 싶으니까 머시가 뱀파이어로 보였던 거지. 말도 안 되는 일이지만 폐결핵으로 가족 중 여럿이 세상을 떠난 경우, 남은 가족은 **bite the bullet** 하면서 먼저 죽은 가족의 무덤을 파헤치는 일이 종종 있었다고 해.

지금도 체스트넛 힐 묘지에 머시의 실제 묘비가 있어. 머시의 이야기는 공식적인 기록으로 남아 있어서 뱀파이어를 믿는(혹은 믿고 싶은) 사람들에게 머시의 묘비는 '로드아일랜드의 마지막 뱀파이어'의 증거로 여겨진대.

28. said the pot to the kettle

사돈 남 말 한다, 너도 만만치 않아

said 말했다 **the pot** 냄비
to the kettle 주전자에게

    이 말은 'The pot calling the kettle black냄비가 주전자에게 검다고 하다'에서 나온 표현으로 같은 의미야. 지금이야 조리 도구들의 색깔이 다양하지만 전에는 대부분 검은색이었어. 음식을 조리하는 'pot냄비'도, 물 끓이는 'kettle주전자'도 검은색인데, 냄비가 주전자더러 "야, 너 좀 까맣다." 이러면 주전자가 '이 녀석은 집에 거울이 없나?' 이러지 않겠어? 본인도 사정이 다르지 않은데 남더러 뭐라 하는 아주 웃기지도 않는 상황에서 쓰는 표현이야. '사돈 남 말 하네' 또는 '겨 묻은 개가 똥 묻은 개를 나무란다' 같은 우리 속담과 뜻이 비슷해.

예를 들어 볼게

내 짝이 영어 단어를 그렇게 못 외워. 단어 시험 볼 때마다 꼭 철자 한두 개씩 틀려서 심지어 빵점을 맞은 적도 있어. 공부를 전혀 안 하는 게 아닌데 단어 시험 점수가 늘 이러니, 옆에서 보는 내가 다 안타까울 지경이야. 특히 시험 전에 연습장에 빼곡히 연습하고 외운 흔적을 내 눈으로 확인했는데 참담한 점수가 나올 때면 한숨이 절로 나와. 어쩌겠어, 비단결도 울고 갈 고운 마음씨를 가진 내가 도와주는 수밖에.

"나는 말이야, 발음과 철자를 잘 맞춰서 외우거든. 그럼 쉽게 외울 수 있어. 발음과 철자가 맞지 않는 단어가 꽤 있는데, 그럼 발음을 바꿔서 외워 봐. 'Wednesday' 이 단어는 '웬즈데이'잖아. 발음을 생각하면 철자가 안 외워지니까 '웨드wed 네스nes 데이day' 이렇게 외우는 거지. 이런 식으로 하면 철자 외우는 거 쉽다니까. 대번 웨드네스데이, Wednesday, 목요일, 딱 외워지잖아. 머리를 써서 제대로 공부해야 점수가 잘 나오지."

이렇게 고운 마음씨를 십분 발휘하여 도와주는데 내 짝이 피식 비웃음을 날리며 이러는 거야.

Said the pot to the kettle.
너나 제대로 해라.

내가 발끈했더니, 짝이 또 한 번 피식 비웃으며 하는 말.
"야, Wednesday는 목요일이 아니고 수요일이야."

우리나라의 거인

실제로는 없지만 상상 속에서만 존재하는 인물 하면 거인이 떠올라. 영국의 옛이야기 《잭과 콩나무》 때문일까? 우리 머릿속에 떠오르는 거인의 이미지는 보통 서양인의 모습이지. '우락부락하고 무서운 거인은 서양 이야기에나 나오지, 우리는 그런 황당한 얘기 없어.'라고 생각한 사람 있니? 그런데 그렇게 말하면, 서양인들이 said the pot to the kettle이라 대답할지도 몰라.

《삼국사기》라는 역사책에 '백제 의자왕 8년 때 키가 18척인 여자의 시신이 물에 떠내려왔다'는 기록이 있어. 시신 한 구 떠내려온 게 대단한 사건은 아닐 텐데, 굳이 역사책에 기록된 이유가 무엇일까? 그 시신의 키가 무려 18척이기 때문이야. 1척의 길이는 그 당시 기준으로 약 25센티미터 정도니까 18척이면 약 4미터 50센티미터야. 키가 2미터만 돼도 너무 크다, 농구 선수 해라, 이러는데 4미터라니! 혹시 거인의 시신?

조선 시대 학자 이수광이 보고 들은 이야기들을 모아 《지봉유설》을 펴냈어. 이 책에서 이수광은 우연히 외딴섬에 갔다가 아주 좋은 집을 발견했는데, 집 앞에 놓인 신발이 엄청나게 거대해서 문득 두려운 생각이 들었고 그 집에서 도망쳤다고 기록했어. 혹시 거인의 신발?

비슷한 시기에 나온 유몽인의 짧은 이야기 모음집 《어우야담》에는 이수광이 강원도 안변에 살 때 이웃에게 들은 이야기가 실려 있어. 어떤 사람이 바다에서 표류하다 낯선 사람을 만났는데, 키가 일반인의 수십 배였다고 해. 딱 봐도 거인인 거지. 물속에 서 있던 거인이 배를 뒤집으려 해서 도끼를 들고 싸우다 거인의 팔을 잘라 내 겨우 도망쳤다는 거야. 정신을 차리고 보니 전남 강진에 도착해 있었대.

역시 조선 시대의 《용주유고》 내용 중 '통천해척표풍설'에는 강원도 통천에서 선원이 폭풍을 만나 표류하다 어느 섬에 도착해서 엄청나게 큰 사람, 즉 거인 남녀를 보았는데 부부처럼 보였다고 기록되어 있어. 이 선원이 본 거인들은 성질이 아주 포악했대.

더 재미있는 건, 중국의 여러 책에서도 한반도의 거인에 대한 기록을 찾을 수 있다는 거야.

중국의 책 《태평광기》에는 신라 동쪽, 그러니까 신라와 일본 사이에 '장인국(키가 큰 사람들의 나라)'이 있는데 '이곳 사람들은 키가 3장(그 당시 성인 남성의 키 정도를 1장으로 칭했다고 하므로 3장은 4미터가 훌쩍 넘는 크기)이나 되고 이가 톱날 같고 손톱은 갈고리 같으며, 사냥한 짐승의 고기를 익히지 않고 먹는데 사람도 잡아먹는다'고 나와. 《태평광기》 역시 그저 보고 들은 것들을 적은 책이라 다 믿을 수는 없지만, 중국의 또 다른 역사책 《신당서》에도 신라 동쪽에 거인의 섬이 있다고 나온다는 게 흥미롭지.

《옥당한화》라는 중국 책에는 더 구체적인 이야기가 나와. 왕의 명령으로 신라를 방문하던 서문사공이 신라 근처 바다를 표류하다 어느 섬에 도착했는데 거인이 알 수 없는 말로 천둥 같은 큰 소리로 고함을 쳤대. 무서워서 다시 배를 타고 도망치려는데 거인이 쫓아와 배를 잡았고, 거인에게서 벗어나려고 거인의 손가락을 잘랐는데, 잘라 낸 손가락이 방망이보다 굵고 컸다는 거야. 나중에 이 손가락을 임금님께 바쳤고 이를 궁중 창고에 보관했다고 기록되어 있어.

이렇게 기록으로 남아 있긴 하지만, 전해 오는 이야기를 정리한 책들이 대부분이고, 사진이나 영상 기록도 아니라서 한반도에 거인이 있었다는 증거로 보기는 힘들어. 하지만 공통점이 있다는 게 좀 신기해. 거인을 만난 곳이 다 섬이나 바다인데, 그 위치가 신라와 일본 사이야. 옛 신라와 일본 사이의 섬이라면, 지금의 울릉도와 독도가 아닐까? 독도는 거인들이 살기에 너무 작으니까 울릉도가 거인 섬, 그러니까 장인국이 아닌가 의심할 수밖에. 진짜 신기하게도, 조선 시대 역사서《세종실록》에 지금의 울릉도인 우산국의 동물이나 과일이 기이할 정도로 크다는 기록이 있어. 우산국의 복숭아씨는 되(바가지)만 하고, 쥐는 고양이, 대나무는 기둥만 하다고 되어 있지.

그리고 또 다른 공통점이 신라인데, 흥미롭게도 신라의 제4대 왕 탈해 이사금과 제26대 왕인 진평왕의 키가 다 2미터 50센티미터를 훌쩍 넘겼다는 기록이 있어. 지금보다 옛날 사람들의 키가 대체로 더 작았으니까 이 정도면 그냥 '키가 큰 편'이 아니라 거인 수준이지.《삼국유사》에는 '이사금의 뼈가 천하에 짝이 없을 정도'라고 표현되어 있어. 이 정도면 '소름 끼치게 크고 황당한 거인 이야기는 서양에나 있다'고 하면 said the pot to the kettle 소리를 들을 만도 하지?

참고로 서양의 거인은 일반적으로 손가락과 발가락이 6개씩이고, 머리카락과 수염은 붉은색, 이빨은 평범한 사람처럼 위아래가 한 줄이 아닌 두 줄이라고 해. 그리고 《잭과 콩나무》의 거인처럼 사람을 잡아먹어.

전 세계적으로 거인 뼈가 종종 발견되는데 이를 놓고 진짜다, 가짜다 나뉘어 다투기도 해. 거인 종족이 실제 있었는지 여부는 아직도 연구 중이야.

29. throw shade

헐뜯다, 깎아내리다

throw (공, 돌 등 물건을) 던지다
shade 그늘, 빛 가리개, 차양, 전등갓

차양이나 전등의 갓은 물건이라 던질 수 있지만, 그늘은 손에 잡히지도 않으니 던질 수 없잖아. 이 표현은 각 단어의 의미를 직역했을 때와 전체를 하나의 표현으로 쓸 때의 의미가 달라.

누군가 '밝은 빛 아래 있다'는 말은 그 사람이 찬란하게 빛난다, 많은 이들의 관심을 받는다, 이런 의미거든. '스포트라이트(환한 조명)를 받는다'는 말이 대중의 관심을 받는다는 의미로 쓰이는 것처럼 말이야. **throw shade**는 그 반대의 의미야. 환한 빛이나 조명을 받지 못하도록 빛을 가리다, 그늘 아래에 있게 하다, 그런 의미로 보면 돼. '멋지다, 칭찬받다, 관심을 받다'의 반대 어감으로, '좋지 않다고 헐뜯

다, 모욕감을 느낄 정도로 깎아내리다' 이런 의미인 거지.

이 말은 특히 최근에 많이 쓰이는 신조어라서, 오래 전에 영어를 잘했는데 영어를 안 쓴 지 꽤 되었다는 어른이라면 처음 듣는 표현일 수도 있어. SNS나 신문 기사에서도 자주 볼 수 있는 표현이지. **throw shade**로도 쓰이고, 그냥 'shade'만으로도 같은 의미로 잘 쓰여.

예를 들어 볼게

친구랑 싸웠어. 그 친구가 뒤에서 내 흉을 보았고, 내가 하지도 않은 일을 내가 했다고 거짓 소문을 퍼트리고 다녔거든. 나는 너무 화가 나서 그 친구에게 따져 물었어. 그런데 얘가 하는 말이 "거짓 소문을 퍼트린 게 아니라 진짜 그런 줄 알고 한 말이라 난 미안한 거 없어." 이러면서 도리어 큰소리를 치는 거야. 얼마나 어이가 없던지. 때마침 수업 종이 울려서 우리는 수업이 끝난 후에 운동장에서 만나 못 싸운 부분을 마저 싸우기로 했어.

생각할수록 화가 나. 얘가 이 정도로 예의도 없고 양심도 없는 줄은 몰랐거든. 예의와 양심이 없다면 그게 사람이야? 동물이지. 친구라서 살살 타이르고 좀 봐주려고 했는데, 이런 식으로 나온다면……. 나는 결심했어. 이따 싸울 때 밀림에서 동물들이 싸우는 것처럼 싸우기로.

동물들의 싸움을 생각하니, 사람과 가장 가까운 동물로 원숭이가 제일 먼저 떠올랐어. 그리고 원숭이는 화를 내며 싸울 때 자기 똥을 던진다는 게 연이어 떠올랐어. 돌을 던지면 다칠 수 있는데, 똥은 다칠 일이 없을 테니 똥을 던지는 게 참

좋겠네. 똥에 맞으면 녀석의 기분이 얼마나 더럽겠어? 게다가 서로에게 하나씩 뭔가를 던지는 거니까 아주 공평한 싸움이잖아.

She throw shade at me,
걔는 나한테 비난을 던지고,

I throw feces at her.
나는 걔한테 똥을 던지고.

바이러스를 던져라

　원숭이들은 실제로 화가 나거나 짜증이 날 때 나뭇가지, 돌멩이 같은 주위에 있는 것들을 집어 던지는데, 똥을 던지기도 해. 똥에 맞으면 사람이든 원숭이든 기분이 좋지 않은 건 마찬가지인가 봐. 그런데 미운 누군가에게 무언가를 던진 경우 중 최악은 따로 있어. 도대체 무엇을 던졌길래 똥보다 심한 최악의 경우라고 할까?

　흑사병이라고 들어 보았니? 페스트균에 의해 생기는 병으로 들쥐 같은 설치류, 토끼, 벼룩 등에 의해 옮는데, 혈액이나 침 등의 체액으로 사람 사이에서도 전파되지. 열이 나고 고름이 나다가 심해지면 사망하는 경우가 많은데, 죽은 후 몸에 검은 반점이 나타나서 흑사병이라고 불려.

　흑사병 하면 유럽을 떠올리는 사람이 많지만, 흑사병의 시작은 유럽이 아닌 중국이라는 주장이 유력해. 중국, 몽골 등지에서 거대한 쥐 종류인 야생 설치류를 사냥해 먹었는데, 이때 설치류의 피 혹은 벼룩을 통해 페스트균이 사람에게 옮겨 흑사병을 일으켰다고 보는 거지. 그럼 중국, 몽골의 흑사병이 어떻게 유럽에 퍼지게 되었느냐 하면, 1347년 이 사건 때문이야.

　당시 몽골군은 세력이 아주 강해서 유럽까지 진출하던 시기였어. 몽골군이 크림반도 동쪽의 페오도시야를 공격하기로 했어. 다들 알겠지만 성이라는 게 크고 높은 데다, 문을 열어 주지 않으면 성 안에 들어가기가 쉽지 않잖아. 그렇다고

"저기요, 문 좀 열어 주세요." 이러면서 두드릴 수도 없고. 어떻게 하면 이 성을 정복할 수 있을까 고민하던 몽골군은 상당히 기발한 그리고 몹시도 끔찍한 생각을 해 냈어. 투석기에 흑사병으로 사망한 시체를 실어 성 안으로 던진 거야. 투석기는 원래 돌덩어리 같은 걸 높은 성 안으로 던지는 무기지. 지금처럼 의학과 과학이 발달하지 않아서 당시 흑사병이 어떤 병인지 정확히 몰랐지만, 전염력이 강해서 한 번 퍼지면 짧은 시간에 많은 사람이 사망한다는 것, 그리고 흑사병 환자나 흑사병으로 사망한 사람과 접촉하면 그 병에 옮는다는 것 정도는 알고 있었어.

예상대로 성안에 흑사병이 퍼지기 시작했어. 뭔가 밖에서 성안으로 날아왔는데, 보니까 죽은 사람이야. 아니, 폭탄도 아니고, 돌덩이도 아니고, 왜 쓸데없이 시체를 던지고 난리야, 이러면서 시체를 살펴본 사람들이 있었겠지. 당연히 시체에 남아 있는 페스트균이 시체를 만진 사람들에게 옮겼을 테고, 이들을 통해 흑사병이 무서운 속도로 퍼졌어.

몽골군은 화살을 쏘거나 칼을 휘두르지 않고, 심지어 성안에 들어가지 않고도 성을 초토화시킬 수 있었어. 시체를 던졌지만, 사실은 사람을 죽이는 페스트균을 던진 셈이고, 시체가 사람을 죽이는 무기가 된 셈이지. 결과적으로 최초의 세균 전쟁이 된 거야. 이 정도면 똥을 던지며 싸우는 원숭이 싸움과는 비교도 안 될 만큼 최악의 경우라고 할 만하지?

많은 학자들은 이 사건 이후 흑사병이 유럽의 여러 지역으로 퍼졌다고 봐. 몽골군이 페스트균 덩어리라 할 수 있는 시체를 성안에 던진 게 1347년인데, 다음 해인 1348년, 프랑스 전역에 흑사병이 퍼졌고, 그다음 해인 1349년에는 영국과 스코틀랜드로, 이후 1350년에는 유럽의 거의 모든 나라에 흑사병이 창궐했어. 1351년 즈음에는 자그마치 2천만 명이 흑사병으로 사망했어. 유럽 인구의 3분의 1에 해당하는 숫자야.

흑사병이 중세 이후에 없어졌을까? 그렇지 않아. 중국에서는 1911년에서 1922년 사이 흑사병이 유행해서 수만 명이 사망했다고 해. 1990년대에도 전 세계적으로 수백 명에서 수천 명의 흑사병 환자가 발생했어. 현재는 1년에 10명 이하로 발생하고 있긴 한데, 2019년과 2020년에 몽골에서 마멋 같은 야생 동물을 사냥해 먹고 흑사병에 걸린 일이 보고되기도 했어. 거의 매년 중국뿐 아니라 미국이나 아프리카에서 흑사병 환자가 간혹 나와. 지금은 치료가 가능해 치사율이 낮고 전염되지 않도록 잘 관리하긴 하지만, 흑사병이 완전히 없어진 건 아니야.

코로나바이러스감염증-19를 겪어 봐서 다들 잘 알겠지만, 전염병은 참 무서운 병이야. 다들 건강이 제일 중요하다는 거 잊지 마.

30. castles in the air

성공할 가능성이 거의 없는 계획, 허황된 꿈

castles 성들
in the air 공중에

이 표현 앞에 '집, 건물을 짓다'는 의미의 'build'를 추가해서 'build **castles in the air**허황된 계획을 세우다' 이렇게 쓸 수도 있어. 공중에 성이 있을 수도, 허공에 성을 지을 수도 없잖아. 이 표현은 성공할 가능성이 없는 일이나 허황된 계획을 의미해.

예를 들어 볼게

나는 부모님께 저녁 식사 후 절대 내 방 근처에 얼씬도 하지 말아 달라고 부탁했

어. 내일이 단원 평가라서 저녁을 먹은 즉시 공부를 해야 한다고 말이야. 부모님이 내 방문을 열고 들어오거나, 내 방 근처를 오가면 집중하는 데 방해가 되니까 절대 방 주위에 얼씬도 하지 말아 달라고 했어. 부모님은 아주 기뻐하시며 공부도 중요하지만 너무 무리하지 말라고 하셨어.

내 방 근처에 안 오시기로 약속을 받아 낸 후 나는 방에 들어가 씨익 웃었어. 나는 친구랑 밖에서 만나 놀다 들어올 거거든. 내 방은 2층인데, 창문을 열면 옥상으로 오르는 계단이 있어. 그쪽으로 뛰어내리면 부모님 몰래 밖으로 나갈 수 있어. 전에도 몇 번 해 보았지. 좀 놀다가 어두워지면 다시 창문을 통해 내 방에 들어와서 공부하면 돼.

나는 창문을 열고 전처럼 사뿐히 뛰어내렸어. 그런데 이번에는 발이 사뿐히 닿지 않았고, 꽈당 하고 닿았어. 나도 모르게 다리 힘이 풀리더니 엉덩이도 꽈당 하고 부딪혔지.

이런, 아무래도 발목이 접질린 것 같아. 다리도 안 움직여져. 만나기로 한 친구에게 전화했더니 친구가 119에 전화해서 구급차를 부르든지 엄마 아빠를 부르래.

"그럼 내가 몰래 놀러 나가려던 걸 들키게 되잖아. 그건 안 돼. 내 계획은 일단 젖 먹던 힘까지 짜내 혼자 병원까지 가는 거야. 병원이 멀지만 지금 돈이 없으니까 걸어가야 해. 죽을힘을 다해 최대한 빨리 가야겠지. 그리고 병원비를 나중에 갚겠다고 통사정을 해서 무료로, 그리고 대단히 신속하게 치료를 받는 거야. 그런 다음 다시 최대한 빠른 걸음으로 집에 돌아와서, 서둘러 2층의 내 창문으로 기어 올라와 아무 일 없던 듯 책상에 앉아 시험공부를 하고 자는 거야. 그럼 부모님은 아무것도 눈치채지 못하겠지. 내 계획 어때?"

잠자코 내 이야기를 듣던 친구가 한숨을 푹 쉬면서 하는 말.

It sounds like castles in the air.
허황된 얘기로 들려.

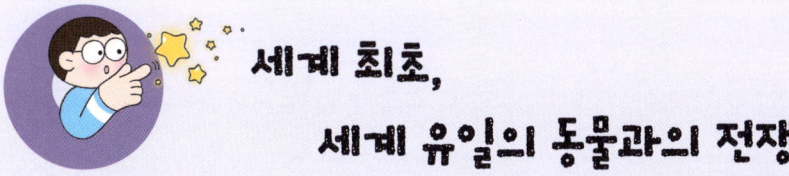
세계 최초, 세계 유일의 동물과의 전쟁

제1차 세계 대전이 끝난 이후 호주에서 실제 있었던 사건이야. 전쟁에서 돌아온 많은 군인들이 무엇을 해서 먹고 살까 고민하다가 호주는 땅이 넓으니까 농사를 짓기로 했어. 퇴역한 군인들은 농부가 되어 서쪽의 넓은 벌판을 논과 밭으로 일구었는데, 에뮤가 문제였어. 호주에만 사는 새, 에뮤는 타조랑 아주 비슷한데 몸집이 더 작아. 그래도 웬만한 어른 남자보다 키도 크고 힘도 세. 2미터 정도 되는 키에 체중은 50킬로그램으로 몸집이 크고 작은 날개가 있지만 날지는 못해. 과일, 풀뿌리, 작은 곤충 등을 먹는데, 몸집이 크다 보니 먹성도 엄청나. 어른 손을 쫙 편 것만큼이나 커다란 초록색 알을 낳는데, 많게는 20개까지 낳을 정도로 번식력도 엄청나.

에뮤 무리는 그전까지 먹을거리를 찾아 그 벌판을 마음껏 뛰어다녔어. 퇴역 군인들이 농사를 짓기 시작하면서 울타리를 쳤지만 힘이 센 에뮤는 울타리를 막 부수고 논밭에 들어가 다 헤집고 다니며 밀 낟알이나 줄기를 먹어 치웠지.

그러던 1932년 9월, 기록적인 가뭄이 닥친 거야. 사람이나 동물 모두 먹거리가 부족해질 정도의 지독한 가뭄이었지. 굶주린 에뮤들이 떼 지어 밀밭에 들어왔는데, 몇 마리 정도가 아니라 자그마치 약 2만 마리나 몰려왔어. 벌 떼처럼 몰려온 에뮤들은 가뭄 속에 겨우겨우 키운 농작물을 쑥대밭으로 만들었어.

몇십, 몇백 마리도 아니고 수만 마리가 몰려오니 동물의 왕인 사람조차 어떻게 할 도리가 없었어. 경찰도, 소방대도 손을 못 쓰자, 전쟁 경험이 있는 농부들은 총으로 잡는 수밖에 없다 생각했지. 정부에 군대를 보내 달라 요구했고, 당시 국방부 장관은 기관총과 탄약으로 무장한 부대를 파병했어. 한 나라의 정부가 무장한 군부대를 파병한다는 게 무슨 뜻이겠니? 그건 전쟁을 의미해. 기가 차서 말문이 콱 막히지만 호주 정부는 에뮤 떼를 적군으로 보고 전쟁을 선포한 거야.

농부들에게 거구의 에뮤 떼는 사실상 적의 군대와 다를 바 없었거든. 적군 에뮤의 밀밭 침공을 막으려면, 총보다 더 확실한 방법은 없어 보였어. 무기는커녕 두 팔도 없고 뇌도 조그만 에뮤가 총을 든 인간의 군대와 싸울 수는 없을 테니까. 1932년 11월 1일부터 11월 9일까지 일주일 동안 호주 서부에서 벌어진 이 전쟁을 '에뮤 전쟁'이라고 해.

그런데 말이야. 이 에뮤 전쟁은 '성공 가능성이 매우 희박한 castles in the air', 아니, 실패가 보장된 계획이었어. 에뮤를 너무 얕잡아 본 게 원인이었지.

에뮤는 머리가 작고 목과 다리는 얇고 긴데, 가운데 몸통만 두툼해서 딱 보기에 둔할 것 같지만, 튼튼한 다리로 달리기를 기가 막히게 잘해. 타조가 더 빠르긴 하지만 에뮤도 만만치 않아. 어느 정도 잘 달리냐 하면, 군용 자동차를 타고 에뮤를 잡기 힘들 정도야. 총을 쏘면 된다고 생각했지만, 올림픽 금메달리스트인 우사인 볼트도 울고 갈 속도로 빠르게 달리는 에뮤를 조준해 쏘기가 쉽지 않았어. 총을 쏘려고 자세를 잡는 순간 총알을 장전하는 몇 초 동안, 청력이 우수한 에뮤는 이 소리를 듣는 즉시 달리기 시작해서 몇 초 안에 총알이 닿지 않는 거리로 도망가 버렸어. (우사인 볼트는 시속 42킬로미터 정도의 속도를 낼 수 있고, 에뮤는 시속 50킬로미터 정도의 속도로 달려.)

목과 다리는 얇아서 총알을 맞추기 어렵고, 몸통은 튼실한 깃털로 무장되어 있어서 총알이 잘 들어가지 않았고, 설사 맞았다 해도 죽지 않는 경우도 있었어. 연속으로 다다다 총알을 발사하는 기관총으로 종일 공격했지만 실제 총알에 맞아 죽은 에뮤는 12마리뿐이었대.

게다가 에뮤는 예상보다 머리가 좋았어. 2만 마리 안의 수많은 작은 집단들이 조직적으로 행동하며 인간의 공격을 효과적으로 피했어. 총알이 닿지 않는 거리를 유지하며 너무 잘 도망가니까 트럭에 기관총을 장착해서 공격해 보기도 했는데, 에뮤 한 마리가 트럭으로 돌진하는 바람에 트럭은 고장 나고, 기관총 공격도 제대로 못 해 보고, 에뮤 한 마리만 죽고 나머지는 죄다 살아서 도망치기도 했지.

군부대와 기관총, 1만 발의 탄약을 동원했지만, 잡은 에뮤는 고작 400여 마리뿐이었어. 적지 않은 수지만 에뮤의 수가 약 2만 마리 정도였고 투입한 군대와 무기를 생각할 때 400여 마리는 몹시도 초라한 결과였어. 이후 호주 정부는 에뮤 소탕 작전(혹은 에뮤 전쟁)을 그만두기로 했어. 에뮤 전쟁에서 적군 에뮤에게 패배했다는 걸 인정한 셈이지. 쏟아부은 비용에 비해 효과는 변변치 않았고, 군부대와 기관총까지 동원해서 에뮤를 소탕한다는 것 자체가 잘못이라며 동물 보호 단체들이 들고 일어났거든.

군부대는 물론이고 그곳에 농사를 짓던 농부들까지 다 철수했어. 에뮤 무리는 사람들이 버리고 간 밀밭에서 마음껏 남은 곡물을 먹었어. 전쟁에서 승리한 군대가 땅을 전리품으로 차지하는 것처럼 말이야. 안 그래도 "에뮤가 너무 많다."는 원성이 높았는데 잘 먹어서 그런지 이후 에뮤가 더 많아졌어. 에뮤 전쟁이 벌어졌던 밀밭 주변은, 에뮤 토벌은 고사하고 오히려 '혹시 여기는 에뮤 번식장인가?' 의아하게 생각할 정도였다지?

적을 알고 나를 알아야 백 번 싸워서 백 번 이길 수 있는데, 에뮤에 대해 잘 알지도 못한 채 '총이면 다 해결할 수 있다.'는 잘못된 생각으로 계획을 세우니까 그 계획은 **castles in the air**가 되었고, 실제로 대실패, 대망신으로 끝나고 만 거지.

The End

영어와 친해지는 별난 이야기들
깔깔깔 별난 영어

초판 1쇄 발행 2023년 1월 5일

지은이 전은지 | **그린이** 미늉킴
펴낸이 윤상열 | **기획편집** 염미희 최은영 | **디자인** 맥코웰 | **마케팅** 윤선미 | **경영관리** 김미홍
펴낸곳 도서출판 그린북 | **출판등록** 1995년 1월 4일(제10-1086호)
주소 서울 마포구 방울내로11길 23 두영빌딩 302호
전화 02-323-8030~1 | **팩스** 02-323-8797 | **이메일** gbook01@naver.com | **블로그** greenbook.kr

ISBN 978-89-5588-427-2 73740

© 전은지, 미늉킴
이 책의 전부 또는 일부를 이용하려면 저작권자와 그린북의 서면 동의를 받아야 합니다.

어린이제품안전특별법에 의한 표시
품명 어린이 도서 **제조국** 대한민국 **사용연령** 7세 이상 **주의사항** 책 모서리에 다치지 않도록 주의하세요.